JN068899

高校地歴・公民科

国際平和

を探究する

カリキュラム

国連を超えて

野島大輔

法律文化社

はじめに

　日本国内の平和教育は，1990年代以降，長い低迷期の中にある，と言われ続けています。これには様々な理由がありますが，ユネスコによる「軍縮教育」の提言（1980）が示すような，世界平和を実現していくための展望を得るための学習が，なかなか教育の現場に普及されないでいたことが一因です。

　しかし，国際的な平和教育研究の会議に参加すると，世界各地での取り組みには，それぞれにたいへん幅広く奥深い蓄積があることがわかります。また，平和学・国際関係学には，1990年代以降に，新たな学説の潮流が生まれています。「平和学」は，ちょうど「医学」が人間の生命や生活の質の向上を目指して，生物学・化学・薬学など様々な学問から得られた知恵を総合して病気や怪我に立ち向かうように，国際関係学，社会学，政治学，など様々な学問の成果を総合して，地球社会にある病理としての戦争をはじめとする様々な暴力の極小化と，平和の極大化を目指す「応用科学」です。国際的な平和教育の研究は，平和学の設立とほぼ同時に制度化され，研究・実践の進展と同時に，世界中の多くの研究・実践者の連携を生み出してきました。

　本カリキュラムは，国際的な平和教育学の諸実践や，平和学・国際関係学の知見をもとに，現状の世界秩序の課題を捉え，必要なリフォームを案出することを通して，国際平和のために必要な努力の内容を正面から考える学習の試みです。戦乱や気候変動など現代の世界的な危機に応接ができるような，"機能不全"が指摘される国際連合の次の世界秩序を，個人・グループで構想・提案することが，このカリキュラムでの探究のゴールです。10年間の教室での実践では，生徒たちが頭と身体を動かしながら，本当に真摯に，そして創造的に，世界平和の論題に取り組みました。本カリキュラムでの経験の中に，平和教育に携わる現場の先生方にとって，何か少しでも役立つことが含まれていれば幸いです。

　2024年2月　　　　　　　　　　　　　　　　　　　野島　大輔

カリキュラムの概念図

前置学習	「基礎社会 3」…社会科学の基本的・根本的な命題 「比較文化」…地球的諸問題，構造的暴力，文化相対主義，地球市民の精神 学習者主体の学習スキル（ディベート，KJ 法，リサーチ，プレゼンテーション，論文作成）の習得 社会科学の基礎的なリテラシー（多元的な検討から最有力な解を見出し，討議を経て合意を形成する）の習得
導入	1. 平和学の基礎 　平和と暴力の概念，平和学の特徴 2. 紛争解決の技能の習得 　トランセンド法の基礎（二者，二者応用，複雑紛争，超・複雑紛争；深層文化） 　「ひとつのオレンジ」「ひとつの島」「オーケストラ部のもめごと」「三国の領海争い」「家族の日曜日」 　「万里地球学園の運動場開発」などの演習課題を通じて，段階的に紛争解決の技能を習得していく 　～随時学習：創造的な発想法と集団創造思考～
展開 ↓ ↓ 国際関係史の進展 ↓ ↓	→ → 紛争解決法の深化 → ■ → → → → → → → → → → → → → 1. 三十年戦争とウエストファリア条約　　リアリズム　超・複雑紛争の解決メソッドを用いて，歴史上の大きな武力紛争の解決策を構想 　　　　　　　　　　　　　　　　　　　（⇒ 主権国家システムの創成） 2. 国際河川のもめごと　リベラリズム　と国際河川委員会・国際行政連合 　交通規則，公害，　　　　　伝染病の蔓延，通商摩擦など諸紛争の根本にある「深層構造」 　を看破し，国際社会　　　　の根本的なトランスフォームを志す（⇒国際機構の萌芽） 3. 国際連盟の創設　　リアリズム vs リベラリズム 　「法」と「力」のトランセンドを　　テーマに，現実に見合った普遍的国際機関の構想 　創設に必要な要件を探究　　（⇒普遍的国際機関の創設，戦争の違法化） 4. 超大国の単独行動主義　コンストラクティヴィズム　民主化の動き（核兵器違法化など） 　超大国による単独行動主義と，国際社会の　　の実現 　とのせめぎ合い（⇒国際社会での「法の支配」） （5. 未来を展望する国際政治の諸理論）　批判理論 　世界法，国際（地球）立憲主義，ジェンダー論，等から採り上げる 　（⇒理論上の様々な世界秩序案の検討）＊後続科目で詳しく学ぶ＊ 　～並行学習：重要条約の調査レポート作成と質疑応答～ 国際関係学の理論の進展
まとめ	1. 現代国際法・国際連合の基本の整理・確認 　国際法，国際連合，核廃絶，軍縮，国連改革論，世界政府論 2.「世界リフォーム計画」 　現行の国際社会の構造の長所と限界を踏まえ，実現可能な望ましい世界秩序構想 　を，学習者たちが集団創造思考を用いて，グループで自ら考案・発表する
後続科目	「平和学特講」〈テーマ学習〉 和解，理論上の様々な世界秩序案 日朝平和案，東アジア地域の平和のための案 平和とジェンダーの問題，平和教育のあり方，非暴力運動と「市民的抵抗」 日本のこれからの安全保障のあり方
学習後	実社会への貢献 　それぞれの進路に応じて，身に付けた「平和形成力」を発揮し，世界平和に貢献していく 　国際関係学部・学科への進学，社会運動，多文化共生，国連ボランティア，途上国インターン，などの例 　専門家を目指さずとも，ひとりの地球市民として世界平和を直接に構想し，日常の言動に反映させていく

本書で紹介するカリキュラムの特色

▊ 通常の科目内での活用が可能

通常の高等学校の学習指導要領上の科目として，または科目内の年間の学習の一部となる約60〜72授業時数の"学習ユニット"としての活用が可能です。

例①：「世界史探究」……近現代史（グローバル・ヒストリー）の学習として

例②：「政治・経済（政治・経済演習）」……国際政治（国際法，国際機構）の学習として

例③：「総合的な探究の時間」か「学校設定科目」で実施

例④：導入部（紛争解決の基本）を「総合的な探究の時間」か「学校設定科目」で；展開部・まとめ部（国際関係史，国際政治）を「世界史探究」か「政治・経済（政治・経済演習）」で，分割して実施

＊教授言語や関連図書の準備次第で，カリキュラムの骨子が国際バカロレアの科目 "Global Politics" で活用されうる将来的な可能性も視野に入れています。

▊ 教室での実践の経験を還元

10年間の実践を通して，生徒たち自身による学びの記録のノートからの引用など，実際にどのように学習が進んだか，教室での主体的な学びの実例が掲載されています。構想だけでなく，様々な観点からの評価を通して，「平和形成力」の育成について一定の学習の効果があることが判った，実践済みのカリキュラムです。実践上の経験に基づく，学習での留意点についても示しています。

▊ 豊富な教材例

主要教材の見本は，法律文化社のホームページから，参照やダウンロードが可能です。

▊ 平和学や国際関係学，教育学との連携

カリキュラムの基礎は，平和学や国際関係学の学説に基づいています。カリ

キュラム開発の過程で，平和学や国際関係学，教育学の専門家諸氏からのご指導を受けています。生徒たち自身による学会での研究発表などを通して，学習の成果に対しても，専門家諸氏からのご批評を頂きました。

　本書は，筆者による博士論文の『世界秩序を構想する学習による平和教育の再構築：中等教育におけるカリキュラム開発と実践』(2016年) をベースに，現場の実践に役立てて頂く観点から，再構成したものです。カリキュラム開発の理論的背景や，カリキュラム・マネジメントの詳細などについては，下記リポジトリから，論文の本文（理論編）・附録（実践編）をご参照頂ければ，幸いです。「世界秩序を構想する学習による平和教育の再構築」で検索，または：https://ritsumei.repo.nii.ac.jp/?action=pages_view_main&active_action=repository_view_main_item_detail&item_id=9682&item_no= 1 &page_id=13&block_id=21 （立命館学術成果リポジトリ）

〈平和の定義〉

　平和の定義には様々なものがありますが，平和学で最もよく用いられるガルトゥングの2007年の定義（構造的暴力の無い状態を「積極的平和」としていた旧い定義から，大きく修正されていることに留意を要します）に従っています。本カリキュラムでは特に，直接的暴力の極小化のための構造的平和の極大化を中心に扱います。

〈平和教育の定義〉

　平和教育の定義には様々なものがありますが，ユニセフによる1999年の定義「子供，若者，大人が，紛争，戦争など明らかな暴力行為や，紛争の根底にある社会構造の歪みを未然に防ぎ，紛争を平和的に解決し，内面的，対人的，対グループ的，国家的，国際的に及ぶあらゆるレベルにおいて平和を推進する状況を創造できるよう，行動改革をもたらすのに必要とされる知識，能力・技術，態度・価値観を促進するプロセス」に従っています。

　また，本カリキュラムの実践を通じて，平和を実現する「平和形成力」（平

表　ガルトゥングによる平和の定義

暴力		直接的暴力	構造的暴力	文化的暴力
平和		直接的平和	構造的平和	文化的平和
	消極的平和	休戦・砂漠・墓場	搾取の不在	正当化の不在
	積極的平和	協力	衡平・平等	平和の文化・対話
		消極的平和＋積極的平和		

（Galtung　2007a，奥本　2012を基に，筆者が図描）
＊定義の詳細は，第2章1導入部の「④～⑤　平和と暴力の概念」の項目をご参照ください。

和な国家及び社会を形成する活動に想像力豊かに参加する知識と技能や，子どもたちが平和問題を多面的に考察し，批判的に判断できる思考力……村上 2011）の育成を目指します。

〈本書でのカリキュラム紹介の手法について〉

　紙幅の制約のため，カリキュラム開発の一連のプロセスのうち，直接に実践に関わる部分を中心に記述することをお許しください。また，個々の授業の立案と実践についても，なるべく，①計画されたカリキュラム，②実践されたカリキュラム，③達成されたカリキュラムの3つに触れるようにはしましたが，それらを圧縮した形で記述していくことについて，ご了解ください。

〈主要教材事例の参照・ダウンロード〉

　本書で筆者が実際に作成・実践した教材事例や生徒の作品事例（本文中の二重枠線内）は，法律文化社のホームページに教科書関連情報として掲載・紹介しています。教材事例の記号・番号は，「章─節─授業時数」に対応しています。本書のご購入者に限り，次のアドレスとパスワードから参照・ダウンロードすることが可能です。

　教科書関連情報：https://www.hou-bun.com/01main/01_04.html
　パスワード：UNwokoete2024

目　次

はじめに

カリキュラムの概念図

本書で紹介するカリキュラムの特色

第1章 「平和学入門」——カリキュラムの概観

　現代社会では，様々な分野でのグローバル化が進行し，地球に住む誰もが潜在的に加害者にも被害者にもなりうる構造になっています（廣瀬 2007）。しかし人類社会の組織化の過程はまだ発展途上にあり，この２つの矛盾が様々な暴力を発生させ，その解決を困難にしています。地球的諸問題を解決し，より明るい未来を築いていくためには，現状の国際社会のトランスフォームが必要になる，と長らく指摘されていました。このような状況の中で大きな不安を抱いている，21世紀を生きる若い人たちには，何に遠慮・躊躇することもなく，世界平和のための方策や望ましい世界のあり方について，専門家らに任せておかずに，自ら研究・提案・提言する権利があるといえます。

1　大単元の構成

　カリキュラムの全体の大まかな流れは，次のようになっています（口絵：「平和学入門」カリキュラムの概念図を合わせてご参照ください）。

導入部
　平和学の基礎や，紛争解決の技能の基本の習得を目指します。
展開部
　国際関係史の進展を学びながら，歴史上の大きな紛争の独自の解決法を考案し，実際の紛争の解決に必要な，紛争解決法や集団創造思考の深化・強化を目指します。これは同時に，国際関係学の理論的な進展にも沿って学んでいくことになります。
　並行して，国際人権法・国際人道法についての調査と質疑を互いに行います。また実際に国際社会で起こる様々な時事問題を通じて，現在の国際社会の仕組み（現代国際法の基本枠組み，国際連合の活動など）の特徴と課題を学ん

大単元表

科目名：「平和学入門」
（高等学校 公民科 自由選択「学校設定科目」のちに「世界史演習」）
総時数：60〜72時限（1時限は50分間），毎週5〜6時限×12週間の実施

	大 単 元 （配分時数）	学習項目	留意点	並行学習
導入	平和学の基礎 世界の暴力の現状 分析 紛争解決の基本ス キルの習得 （20〜22時間）	2050年の地球社会の様子の予測と地球的諸問題への対策（初期作品） 平和と暴力の概念 平和学の特徴（扱う領域・価値・方法） トランセンド法による紛争解決（二者，複雑，超複雑），深層文化 創造的な発想法と集団創造思考	事例や演習を豊富に織り込みながら進める。	国際人権法・国際人道法の調査と質疑応答・時事学習
展開	国際関係史上の主要な紛争とその解決（シミュレーション・ゲーム，問題解決） （20〜24時間）	国際関係史上の主要な紛争（17世紀〜現代までの現実の紛争）に対して，導入部で学んだ紛争解決の手法を用いて，自前の解決案を考案する。 そのプロセスで同時に，紛争解決に必要な知識（深層文化，深層構造など）を，さらに学んでいく。 ゲーム学習の後には，文献を用いて史実を確認し，自前の解決案と比較しながら学んでいく。 将来の世界社会の構想に必要な諸理論についても学ぶ。	人類社会の組織化の過程に影響を与えた国際関係史上の主要な紛争を，次の2段階で解決に取り組む手法を基本形とする。 (ⅰ) 当事者に扮して，紛争を演じ，各紛争当事者のゴールを明確にする。 (ⅱ) 次に仲介・調停者となって，独自の解決案（必ずしも史実の進行に沿う必要はない）を構想・提案していく。	
まとめ	「世界リフォーム計画」 現状の世界秩序への批判的な視点を元に，独自の世界秩序の構想を練り，提案・発表する。 （20〜22時間）	国際法・国際連合の基本の整理・確認 年代を追った人類社会の組織化過程のまとめ（国際関係学の主要潮流の進展と合わせて） これまでの学習の成果を基に，WOMPによる諸条件の上で，できる限り平和的な世界のシステムとしての「実現可能なユートピア」を構想する。	個人のアイディアを，グループKJ法やワールド・カフェ方式により高め合い，1つの作品にまとめる。 完成した作品や学習のプロセスについてまとめ，プレゼンテーションを実施する。 完成した作品と，初期作品との比較を行う。	

出典：筆者作成。

でいきます。

まとめ部

　現在の国際社会の構造の長所と限界とを踏まえた上で，実現可能な望ましい世界秩序の構想を，グループで考案・発表します。

2　カリキュラム開発の背景

　本カリキュラムの理論的な基盤や，主要な先行研究・実践には，次のようなものがあります。

■　「軍縮教育」〜「軍縮・不拡散教育」

　「ユネスコ軍縮教育世界会議」の最終文書（1980）の軍縮教育の10原則は，「現在の武装民族国家のシステムを……非武装平和の新しい世界秩序にトランスフォームする過程を探る」目的を持つ「軍縮教育」の展開の必要性について記しています。この原則では，開発教育や人権教育との連携や，「もっとも想像的な教育方法」を重視し，「参加の学習の方法」を用いて，「問題中心的」であって，「軍備の削減と戦争の根絶へむけての実際的措置」を「検討，評価する分析的・批判的能力」を発展させるべきこと，などの具体的な提起がなされています。

　「軍縮教育」は，二度の世界大戦を反省し，人の心の中に「平和の砦」を築くことが必要とするユネスコ憲章（1946）や，ユネスコによる「国際理解，国際協力及び国際平和のための教育並びに人権，及び基本的自由についての教育に関する勧告」（1974）と，その理念の上で互いに深く根ざし合っています。1974年勧告は，「教育は，国際理解及び世界平和の強化に貢献すべき」とし，「真の国際協力及び世界平和の発展に対する現実の障害であるこの矛盾を克服する方途についての研究」の必要性を強調しています。

　「軍縮教育」は，インドとパキスタンへの核兵器の拡散（1998）を背景に，21世紀に国際連合で「軍縮・不拡散教育」としてその必要性が再提起（2002）されました。日本国の外務省は，被爆者たちの証言のアーカイヴを作成し，マ

ンガ『はだしのゲン』の翻訳版を配布するなど，伝統的な日本国内の平和教育の手法を踏襲しながら，「軍縮・不拡散教育」を国際社会で積極的にプロモートしています。

　しかし「軍縮教育」・「軍縮・不拡散教育」の実践例は，国内的にも国際的にも非常に乏しく，実際に運用できるカリキュラムを開発するには，個々の教員に大きな創意工夫が求められています。

② 「世界秩序の学習」

　冷戦による核戦争の危機を背景に，主に1970年代までのアメリカ合衆国で展開された「世界秩序の学習（World Order Studies）」は，WOMP（World Order Models Project）での専門家らの研究に基づいており，世界平和を実現するために，どのような国際社会の基本構造の改革が必要か，を探究する学習でした。

　望ましい世界秩序を構想する学習は，単なる願望や空想に終わるものであってはならず，世界平和を切実に求める態度に根ざした，人類社会の組織化の過程である国際関係史や現状国際社会についての知識と，紛争解決のための実践的な技能が必要とされる学習になります。

　「世界秩序の学習」は冷戦期のものであったため，今日においては，ポスト冷戦期の国際社会の変遷とともに，新しい潮流の国際関係学（リベラリズム，コンストラクティヴィズム，地球（国際）立憲主義，ジェンダー論などの批判理論）とのインターロックによる更新の作業が必要になります。国益を追求する国家のパワーが国際政治の原動力であり，パワーのバランスや覇権国家の円滑な交代が国際平和をもたらすとするリアリズムは，依然として有効ともされている一方で，学説上かなり相対化されてきています。国際機構や国際法によって国家間の平和の現出が可能とするリベラリズム，結局は地球市民の倫理やアイデンティティーが国際政治を動かすとするコンストラクティヴィズム，世界大の法の支配を創出すべきとする地球（国際）立憲主義，ジェンダーのもたらす暴力や支配の根源性を指摘するジェンダー論など批判理論，による新しい国際関係学の潮流は，「武装民族国家のシステムを……非武装平和の新しい世界秩序にトランスフォームする」教育にとって，改めて，極めて重要な知見を有してい

ます。

❸ 国際関係学会のアクティヴ・ラーニング部会の諸実践

　国際関係学会（International Studies Association, ISA）の国際情勢の教育と学習の部会（Education and Learning in International Affairs Section, ELIAS）では，国際関係学からのアプローチにより，国際関係を，ロール・プレイ，スキット，シミュレーションやゲームなど，高度なアクティヴ・ラーニングの手法を用いて学ぶ授業実践について，進歩的な研究が行われています。

　ただしこの部会での実践のほとんどは，高等教育（大学）のものであるため，研究・実践の成果の導入に際しては，中等教育（中学・高校）での実践可能性の観点から，慎重に検討していかなければなりません。

3　カリキュラム全体の設定

　このような背景に基づいて，科目「平和学入門」のカリキュラム開発を実施し，個々の授業に具現化し，毎年のフィードバックを施しながら，大阪府内の私学S校にて，2009年度から10回にわたって実践しました。

❶ 実践校の概要

　本カリキュラムを実践したS校は，大阪府内の私立の中規模校であり，中等部〜高等部の6年間の一貫教育が行われています。帰国生徒の受け入れを主な役割として創設された学校のため，国内出身の一般生徒の他，帰国生徒，外国籍生徒や，いわゆる「ダブル」「マルチ」の生徒，海外出身の教員が多く在籍しており，国際色の豊かさを特色としています。国際理解の進展や，国際的な教育の水準を強く意識し，文部科学省の学習指導要領に基づきながらも，国際バカロレア（International Baccalaureate, IB）の教育理念に触発を受けてきました。英語を中心とする語学教育や国際交流プログラム，討論や発表を用いた探究型の授業の展開に力点が置かれており，自主性や発言力のある生徒の育成が目指されています。そのため，ひとクラスの生徒人数が最大でも24〜26名程度

という，比較的少人数の学級編成を標準としています。反面，暗記学習などの，いわゆる入試対策的な受験指導については，あまり重視はなされていません。多文化共生の尊重のため，校則は少なく，生徒の自主・自立を基本に置く生活指導が行われています。卒業後の進路では，関連グループ校の大学への進学や，推薦入試を活用する進学者の割合が高くなっています。

S校の社会科（中学社会科，高校地歴科・公民科）の特徴としては，6年間一貫教育の特徴を生かして，中・高6年間のカリキュラムの重複部分を整理し，その代わりに討論や発表を重視しての探究型の学習の取り組みや，多彩な文化的背景を持つ生徒たちが相互によく学び合うための時間が設定されていることが挙げられます。

② 既習科目・学習スキル

途中年度からの編入生を除いて，「平和学入門」を学習する前に，生徒たちは原則として，次のような科目で，関連項目や学習スキルを既習しています。

① 「基礎社会3（「中学社会 公民的分野」，必修）」の中の学習ユニット
"ディベート・セレクション"「社会科学の根本命題」（34〜36時数）

Ⅰ. 目 的

社会科学の基本的・根本的な命題について学び，社会科学の基礎的なディシプリン（様々な情報の中から有力な見解を根拠と共に示していく）の習得を通じて，「小さな社会科学者」に必要な知識・技能・態度を育成する。

Ⅱ. 内 容

（第1命題）人間の本性は善／悪
　　＊戦争と平和の問題など社会秩序を扱う学説の背景には，性善説／性悪説の人間観が，それぞれ影響を及ぼしていることを学ぶ。

（第2命題）テクノロジーの発展は人類を幸せにする／しない
　　＊戦争と平和の問題には，人類の福祉に役立つ発明や兵器の開発が関係していることを学ぶ。

（第3命題）戦争を減らすことは可能／不可能

　＊ Global Peace Index や統計資料などから，戦争をなくすための人類の努力の過程とその到達点について学ぶ。

（第4命題）日本経済の将来は明るい／暗い

　＊技術立国の将来展望と，少子高齢化，財政危機，安全保障，インフラ老朽化などの諸課題との関連について学ぶ。

Ⅲ．方　法

　講義的な方法と獲得型の方法を織り交ぜながら，次第に問題関心を学習者の中で主体化し，自力でのリサーチ力や討論の力が身につくように育んでいく。学習の内容と技法とを同時に高めていくような，典型的な主題や方法，教材を用いる。

Ⅳ．評　価

　社会科学の基礎的なディシプリンが身についたかどうかを，ディベート力（パフォーマンス，準備），文献の読解力（小課題），授業全体への参加・貢献度などを総合し，事後の簡単なアンケートによるフィードバックを交えて，カリキュラムの評価を行う。個々の生徒の「評定」には，任意の自由レポート（授業で学んだ内容に対する強い異論・反論を高い評価とする）の提出があれば，加算する。

《教材事例》Ⅰ－3－⑵：平和への努力〜戦争を減らせるか

　世界平和の実現に対する人類の努力の跡を10項目に整理

　生徒は各項目の人類の努力の成果を，それぞれ10点満点（トータル100点満点）で評価し，その採点の理由を記入

　続けて「もしここまできたら，私の採点は100点になる」という内容を記述し，それを踏まえて「その100点満点の世界を実現するために，私もできそうなこと」を提案

　さらに，個人の記述に基づいて，グループで意見交換を実施

「比較文化」大単元表

学期	Lecture & Discussion I (学年全員)	Lecture & Discussion II (HR別)	Presentation & Discussion (HR別)	学習指導要領項目との対照
春	地球的問題群と構造的暴力 　地球を1つの社会と観る 　環境問題（地球温暖化等） 　『文明崩壊』（ダイヤモンド） 　人口問題 　食糧問題 　貿易ゲーム 　ハンバーガー殺人事件 　グループ作劇 　持続可能性	アイス・ブレイキング＆アイス・メルティング 地球全体のデータ・国別のデータの比較 環境問題解決のシナリオ（ランキング） 構造的暴力とその特徴 ＊Ⅰの学びのフォローアップや振り返り，補いをしながら学習内容を理論として整理する。	図書館オリエンテーション 人類史の概観 民族学博物館の見学 リサーチ・スキル 参考文献探しと活用法 リサーチのテーマ決定 ブック・レポート ＊生徒たちのレディネスに応じて可変的・臨機応変的に運用する	わたしたちの生きる社会（地球環境問題，資源・エネルギー問題） 国際経済
夏休み		教科書・資料集・課題図書の読破	プレゼンテーションの準備 文献探しや訪問見学など リサーチ・ノートの作成＊	
秋	文化相対主義（「豊かさ」の比較）……日本社会より「豊か」な社会 　アーミッシュ 　ブルネイ 　ブータン 　北欧社会 　サモア ＊可能な年度はアイヌ民族文化の継承者や北欧社会の専門家によるゲスト・レクチャーを実施する リサーチ・ペーパーの作成方法	それぞれのサンプルの社会をもとに，様々な「豊かさ」について討論し，検討する。 機械文明を限定する社会 教育・福祉が無料の社会 人権・環境保護政策の先進社会 高福祉社会 伝統・共同体を維持する社会 文化相対主義 文化進化主義やエスノセントリズムとの比較 国際 "誤 " 解，ステロタイプなどの実例 メディア・リテラシー KJ法（個人）作品の作成 　アーミッシュ社会の謎 　ブータン社会の謎 ＊視聴覚資料の活用ではスパイラル・ノート（情報を構造的に把握する）の技法をトレーニングする	教員によるモデル・プレゼンテーション 1時限に生徒1名ずつの順でプレゼンテーションの実施 　発表20-25分 　質疑・討論20-25分（学び合い） ＊個別にアポイントメントを取って教員の事前指導を受けることを原則とする ＊リサーチ・ノートを定期的に提出し，点検を受ける ＊質疑・討論はプレゼンターが記録する ＊教員によるまとめでは，学習したことを理論として整理する	現代の経済社会 日本経済と国民生活 宗教 民主政治
冬休み			プレゼンテーションと質疑・討論の内容を踏まえて，リサーチ・ペーパーに論文化する	
冬	地球市民の精神 　『WHOの天然痘撲滅』 　『杉原千畝の命のビザ』 　"Think Globally, Act Locally" を体現した人々 　もし地球に先住民が居たら，宇宙難民の物語（SFドラマ）	KJ法（グループ）と集団創造思考のスキルを用いて，グループで解決案を創造する 　学校内の多文化共生徹底策 　日本社会の多文化共生強化案 　地球市民意識の啓発案	リサーチ・ペーパーの提出 （プレゼンテーションの成果と質疑応答の結果を踏まえる）	国際政治

＊上記に含まれない主要単元（生命科学と情報技術の課題，青年期と自己の形成，日本の思想，日本国憲法，日本の政治機構など）は，生徒のプレゼンテーション時にそのテーマの関連項目として併せて扱うこととし，教員は2つの学期を通して，学習指導要領の項目を学習できるようコメントを工夫する。

出典：筆者作成

② 「比較文化」(旧「現代社会」) ＋旧「総合的な学習の時間」(必修 3 単位)

Ⅰ. 目的とⅡ. 内容

　学習指導要領の「現代社会」に準ずるが,帰国生徒・外国籍生徒・国内一般生徒が共に学ぶＳ校の教育方針に沿って,各単元の配列や学び方などを,左表のように再編成して実践する。日本国に関する学習内容は,他国との比較等を通して客観的に学んでいくことを基本にデザインしている。

　1 時限50分×週 3 回,各学期36回× 3 学期の対面での授業時数に,自主探究や教員との個別面談を含めて,全授業時数とする。

　教員 2 名によるチーム・ティーチングを実施する。

〈各学期の学習テーマとキーワード〉

　1 学期　「地球を救う」は間に合うか？ (地球的諸問題,構造的暴力)
　2 学期　人類は,文化の違いを乗り越えることができるか？ (文化相対主義)
　3 学期　人類は,ひとつの社会を創ることができるか？ (地球市民の精神……
　　　　　グローバル・シティズンシップ)

＊リサーチ・ノート(「比較文化」大単元表)……生徒はリサーチを通じて得た資料をルーズリーフの表面に添付,裏面の上半分に自分のコメントを書く。下半分には友人になるべく強い異論・反論を書いてもらい,これをひと組とする (紙上での学び合い)。各学期に週 1 組程度(年間計で約20〜25枚)これを作成し,所定の期日に教員に提出して点検を受ける。ルーズリーフはいったんバラバラに外して,KJ法の要領で情報を整理・融合させ,プレゼンテーション・論文(リサーチ・ペーパー)作成の骨格としていく(リサーチ・ノートを作成すると自動的に,プレゼンテーションやリサーチ・ペーパーの材料になっていく)。

Ⅲ. 方 法

　科目全体を通じて，講義型学習・獲得型学習・参加型学習の3つの学習スタイルを有機的に併用し，次表のように，それぞれの長所を融合・深化させていく（野島・ダッタ2002）。

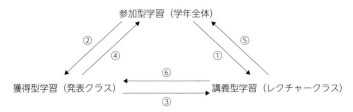

　3つの学習スタイルの連携・総合化

参加型学習（学年全体）

②　④　⑤　①　⑥

獲得型学習（発表クラス）　　　　　　　　講義型学習（レクチャークラス）
③

①参加型学習→講義型学習
　　ゲーム学習の振り返りや補いを経て学習内容の整理や知識の体系化ができる。
②参加型学習→獲得型学習
　　学習者相互の交流が深まり，発表での積極的な意見交換が動機づけられる。
③獲得型学習→講義型学習
　　討論学習の習慣やマナーが身につき，文化学習の総論学習の必要性が理解される。
④獲得型学習→参加型学習
　　学習者同士が学び合う意義が理解され，KJ法など高度な参加型にも取り組める。
⑤講義型学習→参加型学習
　　文化を学ぶ態度や姿勢が，学習者同士を互いに尊重する学び合いに活かされる。
⑥講義型学習→獲得型学習
　　文化学習の基礎手法が，個人のトピックに基づくリサーチの中で発揮される。

Ⅳ. 評 価

　主要な評価の対象……プレゼンテーション，リサーチ・ペーパー（パフォーマンス評価），リサーチ・ノート（アーカイヴ）と，副次的な評価の対象…各学期末の筆記試験，全授業を通じての参加・貢献度，提出物を総合し，事後の簡

単なアンケートによるフィードバックを交えて，カリキュラム全体の評価を行う。

　個々の生徒の「評定」には，任意の自由レポート（授業で学んだ内容に対する強い異論・反論を高い評価とする）の提出があれば，加算する。

❸　科目全体の学習指導案を立案する基本要素

　「平和学入門」の個々の学習指導案を，次のように立案・設定していきます。

1　学習観

　望ましい世界秩序を構想する学習では，平和学の基礎に関する内容（平和と暴力の概念，平和の価値，非暴力的な方法の考案），紛争解決法，グローバル・ガヴァナンス史，国際法，国際機関，などに関する知識の習得が求められます。

　これらの学習のためには，ユネスコの憲章や勧告に根ざしながら，様々な国際的な事象を，個別の国家や民族などの利益のみから見るのではなく，地球的・人類的な視野から，現状を批判的に俯瞰する姿勢に基づかなければなりません。

　科目選択の対象を原則として高3年次としますが，これは生徒たちがこれまでに，上述のような，戦争や平和を学ぶための社会科学の基本的な命題やスキル，世界の現状についての知識（地球的諸問題，文化相対主義，地球市民の精神）などを既習していることが必要であるからです。

　従来型の平和教育では，戦争体験談や芸術作品などの鑑賞や読解を通じての感性や心情の育成を主眼とする人文科学的な手法が主流でしたが，本カリキュラムは，そのような学習の成果を尊重しつつも，現実の社会の課題を客観的に分析し，有力な解決案を構想・提案する社会科学の手法に基づいていきます。

2　生徒観

　生徒たちには，既習科目での学習を通して，数多くの困難な問題の存在を認めながらも，未来の地球社会を構想する上で，肯定的・積極的・建設的なイメージを持っていることが望まれます。

S校での社会科の学習については，学校生活での日常的な体験を背景に，世界にある様々な言語や文化に対して，強い興味や関心を持つ生徒が多いという，本カリキュラムの実践に有意に働くと思われる特徴があります。一方，生徒たちが入学前に過ごしてきた国内外の学校環境が実に様々であることから，小学校〜中学校の既習事項における個人差が大変大きいため，汎用性・柔軟性の高い学習指導を行う必要があるという，本カリキュラムの実践にとって不利に働くと思われる事情があります。

　また，以上のような，豊かな国際色と多文化共生を校是とするS校の教育環境の中にあっても，生徒たちは平素の日本の国内社会での生活に浸って日々を送ることを余儀なくさせられているため，先進国的・日本社会的な価値観の中にも常時，晒され続けてもいます。日本国内での支配的な政治文化，深層文化，若者文化による影響，とりわけマス＝メディアやインターネットにより媒介される様々な玉石混交の情報に感化され続けていることについては，世界情勢を学ぶ上で，深く留意がなされなければなりません。

　またS校の社会科では，ディベート学習（主張，反論，質問，応答），ノート・テイキング（システム式，スパイラル式など），リサーチ学習（発表，質疑応答，論文作成），参加型の学習（ダイヤモンド・ランキング，ロール・プレイ，シミュレーション，作劇）や，KJ法（個人，グループ）を用いた学習が，次第に習熟度を増しながら反復的に配置されており，生徒たちはこれらの学習スキルによく通じていることが期待されます。

　本カリキュラム開発の実施開始の段階では，「平和学入門」は自由選択科目とし，社会科の学習を得意としていること，及び近現代史を既習または併習していることを授業選択の原則としました。本人の意欲次第で近現代史の既習・併習のない場合も受け入れていましたが，学期の半ばで学習が破綻したケースが生じたため，必要に応じて事前に生徒との面談を実施しました。しかしこれらの履修要件はS校内の教育リソースの年々の逼迫により，年度とともに徐々に緩和せざるを得ない方向になり，後年度では完全に撤廃となりました。

3　方 法 観

　平和教育の実践の方法は，平和的な手段を用いたものでなければなりません（peace by peaceful means）。平和学は，しばしば医学にたとえられる応用科学の１つであり，医学が人間の生命や健康を重んじるのと同様，平和の価値に基礎を置いており，原則として社会科学のディシプリンを基台としています。平和学の教育の方法は，詰め込み式・教条的であってはならず，質問法（Problematique 法；価値中立的な質問を施し，学習者に考えさせながら深度のある検討を進めていく授業手法……リアドン 2009）を用いるなど，社会科学の基本に基づく方法が用いられねばなりません。また，「軍縮教育」では，問題中心的・想像力・参加型に重点を置く教育方法が提言されています。教員は，学習を側面から促進する「ファシリテイター」としての心掛けを持ち，できる限り生徒たちの主体的な言動が奨励されるような授業環境を創り出していくことが肝心です。

　望ましい世界秩序を構想する学習では，グループによる協働で地球社会の平和な将来に向けての提案を発することが目標とされ，そこでは紛争の解決や代案の創設を本義とするために，論理的な思考力と発言力，討論力，発表力，その他の幅広い学習スキルの活用が求められます。断片的な個々の情報を集積し，複雑な事象の全体を総合的・概念的に俯瞰し把握していく力や，高い創造性に裏打ちされた，豊かな発想力，グループ協働作業での様々なスキルが必要とされるため，授業の進展と並行しながら，創造力や発想力，集団創造思考のトレーニングを，随時に織り込んでいく必要があります。

　授業実践時の時間配分では，特にアクティヴ・ラーニングの進捗状況やその日の生徒たちの反応などの諸状況に応じて，十分な融通を利かせることを想定しておくものとします。

4　教 材 観

　望ましい世界秩序を構想する学習には，学習者の主体性を尊重し創造性を育みながら学ぶことのできる国際政治の教材の開発が求められます。一方，日本国内での社会科教育では，国際関係学を基礎に置いたカリキュラム開発自体が希少とされ（渡部 2012），国際政治に関する分野での教材開発はあまり活発に

は進められてはきませんでした（西村 2014）。中には国際関係の正確な理解の妨げとなりうる教材も存在しています（Nojima 2019）。このため，国連やユネスコの推奨する諸教材や，海外の先進的な平和教育で用いられている諸教材を参考としつつも，ほとんどの教材は，実際には個々の実践者が自ら開発せねばなりません。

　「平和学入門」で用いる教材の開発には，社会事象の構造的な把握を助けるもの，抽象的な概念を視覚化し理解しやすくしたもの，個々の紛争の理解のためステイクホルダーやゴールなどの情報を図式化したもの，など，抽象的で複雑な国際社会を理解していくための工夫が求められます。紛争解決の基本の習得や，国際関係史の史実の確認などでの文献講読の学習においては，わかりやすい資料の発見と準備，豊富に事例を挙げる・身近な事例を挙げる，などの授業進行上での恒常的な工夫が必要となります。また，国際人権法・国際人道法の「調査レポート」作成と質疑応答の学習では，調査，発表，論文作成などのため，学校図書館との連携，関係図書や資料，オンラインの学習のための諸準備が必要です。

　特にこの科目では，紛争解決の演習，主権国家の創成，国際機構の創成，などの授業で，独自に開発されたアクティヴ・ラーニング（シミュレーション・ゲーム）の教材を中心的に用いていくものとします。

　使用テキストは，教科書の他，教員の作による独自のハンドアウト・プリント類を中心としますが，『平和を創る発想術』，『国際条約集』，大学の学部の入門向けの国際法・国際機構に関するテキストや論文のうち平易で明解なものから抜粋したもの，などを用います。時事問題については，専門家による文献や報道記事などのうち，説明の簡明さによく配慮されたものを用いていきます。

5　評 価 観

　平和教育の実践についての評価は，たとえば特定の学習を終えた者の選挙での投票行動を取り上げてみても，それに及ぼす変数が多すぎるため，一般に極めて困難であるとされますが，しかし個々のプログラムについては，生徒の変化からその効果を測ることは可能，とされています（Harris 2008）。

　本実践では，比較的少人数の授業クラスであることなどに鑑みて，学習前後の変化を測るため，量的・質的な研究法を混合しながら（混合研究法），教員による評価，生徒の自己評価や相互評価，生徒の発表を聴いた聴衆による評価，専門家による評価，など多元的・多角的な評価法を総合化することによる評価デザインを採用していきます。

　教員による評価では，カリキュラム開発者（授業の実践者）が，実際の授業に参与しながら，P（Plan）→ D（Do）→ C（Check）→ A（Action）……の手順を用いて，カリキュラムのマネジメントを行う，アクション・リサーチの形式を採ります。授業実践の記録は，実践者による授業のフィールド・ノートの記述，主要な授業のビデオ録画や IC レコーダによる録音，などを通じて行います。ただし，特に主要なアクティヴィティの実践や作品の発表の評価に際しては，第三者や専門家による参与観察やパフォーマンス評価を求めるものとしました。

　生徒の自己評価・相互評価として，生徒個人による課題に対する解答や作品，質問紙アンケート，インタビューの他，毎回の授業では，生徒による当番制の「授業ログ・ノート」で討論の部分を中心にした記録を行い，毎時のまとめとフィードバックとともに，学習の状態の確認に役立てるものとします。

　生徒の発表を聴いた聴衆による評価としては，校内外での発表会におけるプレゼンテーションを聴いた人々に，発表の前後で生じた変化を質問紙により調査するものとします。

※なお，カリキュラム開発を通じて，以上のような各種の調査を行うことについては，筆者の所属する大学院での基準に基づいた審査を受けた上で，S校の学校長や，受講生徒と保護者から，あらかじめ書面による了承を得ることとしました。

第 2 章　カリキュラムの実際

1　導 入 部

①	科目オリエンテーション
②～③	2050年の地球社会の予測と地球的諸問題への対策
④～⑤	平和と暴力の概念
⑥～⑦	平和学の特徴（扱う領域・価値・方法）
⑧～⑨	トランセンド法による紛争解決（二者）
⑩～⑪	トランセンド法による紛争解決（二者・多ゴール）
⑫～⑬	トランセンド法による紛争解決（複雑）
⑭～⑮	トランセンド法による紛争解決（超・複雑）
（⑯～⑱）	深層文化
（⑲～⑳）	創造的な発想法と集団創造思考

＊導入部の学習では，生徒たちにとって，平和学との出逢いが楽しい出逢いとなるよう，また平和学の学問的な特徴が随時に垣間見られるような，授業運営を特に意識します。

＊各課題は難易度の段階的な配列に工夫を施しますが，中には，難しい演習も含まれているので，少々の困難に直面してもチャレンジしていけるよう，生徒たちが紛争解決の醍醐味に，次第に動機付けられていくような進行でありたいところです。

＊少人数で，特に演習を中心とする形式を主体とするために，誰もが自由に参加・発言できる雰囲気の醸成を重んじます。

＊各授業の冒頭では，リアルタイムで国際社会に起こる時事問題を取り上げ，関係しうる国際法規について『国際条約集』を参照しながら，現状の国際法・国際機構の機能や国際社会の仕組み，紛争解決の考え方について，徐々に認識を深めていくようにします。

＊個別の紛争事例の採り上げ方については，近視眼的にその推移だけを見るのでなく，地球大・世界大の構造を踏まえて俯瞰的に分析することや，水面下で眼下の紛

争に影響を与えている「過去の未解決の紛争」に注目すること，解決を志向しなが
ら検討していくこと，などを重視します。また，実際に深刻な紛争が解決を見た事
例や，紛争予防の奏功した事例などについても，随時に触れていきます。根拠のあ
る一定の方法に基づいての，紛争の把握と創造的な思考が，いかに重要であるか，
冒頭から印象付けたいところです。

① 科目オリエンテーション

　この科目の学習の目的や計画，評定の基準など，全般についての説明を行い
ます。また，「自己紹介シート」への記入を通じて，文化的背景，海外を含め
た滞在経験と学習経歴，平和問題への関心，被爆地への訪問などこれまでに学
んだ平和教育の内容，この授業を選択した動機やきっかけ，授業への希望など
について，個々の生徒ごとに把握を行います。

　履修前に，事前学習として，次のような準備をしておくことを勧めました。

　1．「比較文化」の復習
　　特に，地球的諸問題，構造的暴力，文化相対主義，地球市民意識について，学ん
　だことをレビューしておきましょう。
　2．『現代社会』の教科書と資料集の，国際政治と国際経済のページをよく読んで
　　おきましょう。
　3．世界史の，宗教改革〜現代までの流れを復習しておきましょう。
　4．「世界人権宣言」と「国連憲章」の全文を通読しておきましょう。
　5．国際問題や武力紛争に関わる時事問題について，報道を注視しておきましょ
　　う。特に8月は，日本国内でもアジア太平洋戦争を振り返る特番が組まれま
　　す。それらもできるだけ見ておきましょう。

　新たなカリキュラム開発であるため，今後へのフィードバックを通じたカリ
キュラムの洗練のために，研究倫理を説明した上で，研究への協力依頼の要請
（研究への協力の同意書の書式を配布）も行いました。

②〜③ 2050年の地球社会の予測と地球的諸問題への対策

　2050年の地球社会の様子について；(i)放置するとこうなる未来と，(ii)望まし

い未来とを予測し，「理想の地球社会」の姿を作品に描きます。まず個人での
案出を行い，次にそれをもとに小グループで一枚のイラストにまとめていきま
す。さらに，でき上がった作品を用いて互いに発表と質疑応答を行います。

《**教材事例**》Ⅱ－1－2：「理想の地球社会」（作品事例）

　この段階での，(ⅱ)望ましい未来のエンヴィジョンの作品では，豊かな自然，
動植物との共存などの理想像の投影や，差別をなくす，エネルギー問題を解決
する，などあまり具体的な政策を伴わない“願望”が中心的に描かれることが
多いです。一見無益に見えますが，このワークは重要で，学習者の未来への関
心や想像力を刺激する効果があります（Guerre and Trull 2008, サリバン2010）。
　平和学を学ぶ初期段階での，この作品は保存し，科目全体のまとめの段階で
実施する「世界リフォーム計画」の作品と，後に比較します。二つの作品を並
べて比較したとき，生徒たちから，両者のクオリティが全く違っている，と自
ら驚く声が聞かれ，学びの成果として自信に繋がっているようです。

4 ～ 5 　平和と暴力の概念

《**教材事例**》Ⅱ－1－4：「暴力」と「平和」の概念
　平和学の基礎である，次の項目について説明
○紛争の三角形
○暴力の概念
○平和の概念
○暴力と平和の概念の発展
○暴力の重層構造と紛争の解決
○各文化圏での伝統的な「平和」の概念

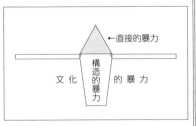

　演習課題用のワークシート，「ホロコースト」の例での作品事例

　ここからは，科目全体のベース・ラインとなる，平和学の基礎（平和と暴力
の概念の定義，平和学の歴史と成り立ち，平和学の目標と価値，平和学の位置づけ）を
学んでいきます。

　紛争の分析を学んでいく上で最も基礎となる，平和学の基礎的な概念（直接
的・構造的・文化的暴力，直接的・構造的・文化的平和；消極的平和と積極的平和）
と，それらの相互の関係について，資料をもとに学びます。また，紛争の諸原
因を考えていく今後の学習のために，文化圏ごとの伝統的な「平和」概念の位
相の異なりについての知識を得ます。

　武力紛争や平和についての学習が，単に個別の紛争に関するその場限りの学
びとなってしまうことを防ぐためには，様々な紛争に一般的・普遍的に応用で
きうる，一定の理論に基づいた学習が必須になります。以降の学習は，原則と
してこの定義を用いながら進めていきます。

　次に，個人および小グループで，実際のいくつかの紛争の事例を用いて，表
に基づきながら分析するワークを行います。でき上がった分析案を，互いに発
表し，質疑応答を行って理解を深めます。

　多くの紛争は，3種の暴力のすべてを伴い，それらは重層的・複合的に関連
し合っています。この表を用いたワークで，3者の密接な関連性がよく解りま
す。たとえば「ホロコースト」では，収容所でのジェノサイドという直接的暴
力の背景に，構造的暴力（差別が合法化されていた）や文化的暴力（ユダヤ人に対
する歴史的な差別感情）が挙げられます。作品事例の中に挙げられた項目の他に
も，構造的平和の積極的平和の欄に含まれうる事項として，たとえばナチスの
犯罪に対する時効不適用条約，ジェノサイド条約，国際刑事裁判所規程などの
国際法が作られたことが挙げられ，これらは条約集を参照しながら補っていき
ます。領土問題では，交替で領有することとした実例，共有の領土とした実
例，などが，構造的平和の積極的平和の欄を導くヒントとして挙げられましょ

う。

　特に積極的平和の項目では，未だ実践・実績が不十分で，どんな事例の分析でも新たな考案が必要になる，との印象が持たれるかもしれません。紛争の解決のための人類の努力の跡について学び，それらを次世代の視点からどのように補完・根本解決していけばよいか，という基本的な姿勢が醸成されていくのも，この単元での重要な目標です。

【留　意　点】

①「いのち」「願い」「祈り」といった抽象的・多義的な概念ではなく，この授業科目での議論を，平和学の学問的な根拠のある定義に則って進めていくことを，この後でもずっと表現し続けることが，以降の授業で肝要です。

②インターネット上の情報では，学術的なリソースであっても，構造的暴力の克服を積極的平和としていたガルトゥングの旧い定義が，今なお広く掲げられていることがあり，資料を用いる際に注意を要します。

③平和学での積極的平和の概念は，日本国の政権による「積極的平和」の概念とは誤用・混用せぬよう，ガルトゥング本人が声明を発しています。両者は英語訳が異なることに加えて，本来の積極的平和の概念には，例えば軍事同盟が立ち入る余地はない，としています（ガルトゥング 2017：19）。

④世界平和のあり方を論ずる際に，事例や根拠を挙げて議論する習慣作りについても，再三，喚起していくことが肝要です。できるだけ国際法や国際司法による判例などに沿いながら，それらを教員が豊富に提供していくことの積み重ねが，今後の展開の中で重要となってきます（例えば，領土問題については，各国の主張のみを比べるのではなく，領土の得喪・変更に関する国際法理論の原則を紹介する，過去の国際司法裁判所の判例を参照する，など）。

【教室での経験から】

①授業では，あまり大きな学習上の問題点が生じなかった単元ですが，文化的暴力についての事例を想起するのが，比較的難しいことがありました。ジェンダーに関する偏見や，海外での外国人学校・生徒らへの暴力について，生

徒たちの経験談を挙げてもらうと、「マイノリティーへの愛のなさ」「宗教の違い」「少数派を嫌う風潮」などの発言が、次第に現われるようになりました。

②いくつかの暴力の事例を、構造的暴力の項目を通じて見たときに「部落差別と似ている」との、注目すべき指摘も出されました。

③紛争で何が行われたか、という悲惨さの面はよく知っていても、解決のために案出された様々な制度について、これまでの学習ではあまり知らされていなかった、との声も挙がりました。

【補　足】

①「ガルトゥング＝ボールディング論争」があったように、ガルトゥングの提唱する概念枠はけして唯一で普遍的なものではなく（野島2007）、本人も論稿によって別の定義を設定することもあるため、上の定義は議論を共有するための便宜上のものといえます。ただし中等教育の段階においては、たくさんの定義がある中で、基本的な概念の共通の定義を設定して進めなければ、討論などが困難になることが十分に予想できます。そのため、最も広範に用いられている定義をひとまずの議論の共通の土台とする、という方針を、現段階では採用しました。

6〜7　平和学の特徴（扱う領域・価値・方法）

《教材事例》Ⅱ−1−6：武力紛争（戦争）の原因
　武力紛争（戦争）の原因として考えられる、次の7項目のことがらについて、それぞれを対象とする学問分野と、成果や対策についての一覧表
　Ⅰ．人間の本質にある？
　Ⅱ．人間の作った文化の異なりにある？
　Ⅲ．経済システムの欠陥（貧富の差）にある？
　Ⅳ．環境破壊、地球資源の枯渇と争奪のせい？
　Ⅴ．政治システム（国内）の欠陥にある？

Ⅵ．世界のシステム（国際関係）の欠陥にある？
Ⅶ．教育にある？

《教材事例》Ⅱ－1－7：「平和学」の分野と関心
　国際平和研究学会と日本平和学会の設立の目的や，それぞれの持つ様々な分科会のリストから，「平和学」の分野と関心，目的について探る資料

　平和学の学問としての特徴（データ→理論→実践のすべてが，平和価値に基づいて行われる応用科学である，社会科学を土台にしつつも多くの分野を跨ぐ学問である，非暴力的な手段により社会のトランスフォームを求めていく……，児玉 2004）を学んでいきます。
　まず生徒たちに，次の2つのテーマで，考えられうることをなるべくたくさんブレーン・ストーミング方式で挙げてもらいます。

①武力紛争（戦争）の原因と考えられることがら
②世界平和を実現するために，考えておかなければならない，と思われることがら

　次に，武力紛争の原因とそれに対応する学問分野について作成した一覧表と，国際平和研究学会（International Peace Research Association, IPRA）と日本平和学会の，すべての部会や分科会名の一覧表（両学会のホームページから整理）の資料を用意し，それぞれブレーン・ストーミングの結果と比較してみます。
　また，資料を見ながら，それぞれが興味を持った項目や，これまでに聞いたことのなかった項目について，いったい何のことかを指しているのか，互いに質問を出し合ったり，分担して調べたりしながら，学習を進めていきます。
　さらに，国際条約集の目次を開き，国際法では紛争を防ぐためにどのような分野でどのような条約が結ばれているか，についても概観を学んでいきます。

【留意点】

①国際紛争の背景には，非常に多くの論点が複雑に絡み合っていること，そのため積極的平和の実現には，多種多様な分野の研究の協力が必要であること，がここでの学びの勘所です。

【教室での経験から】

①一部の用語は既習科目で学んでいましたが，「（深海底など）人類共同の遺産」「グローバル・ヒバクシャ」の意味について，よく質問が出されました。

②後年の実践では，両学会で実際に行われた，この科目の過年度の受講者（先輩たち）のプレゼンテーションの資料や動画を見ると，平和学への関心がさらに増すようでした。

8～9　トランセンド法による紛争解決（二者）

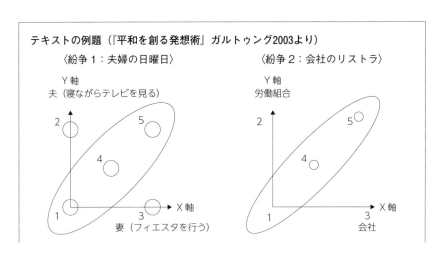

テキストの例題（『平和を創る発想術』ガルトゥング2003より）

〈紛争1：夫婦の日曜日〉　　　　　〈紛争2：会社のリストラ〉

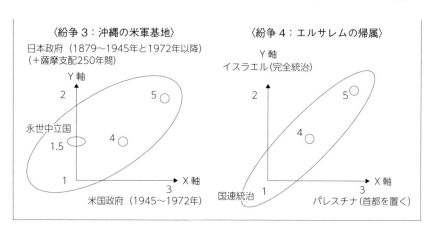

〈紛争3：沖縄の米軍基地〉
日本政府（1879〜1945年と1972年以降）
（＋薩摩支配250年間）

〈紛争4：エルサレムの帰属〉

〈演習問題〉
(1) 1つの「オレンジ」を2人で分け合う案（個人・グループ）
(2) 1つの「島」を2ヶ国で分け合う案（個人・グループ）
……トランセンド法の初歩トレーニング，質的に異なる16通りの方法を考案

　この単元から，様々な課題を個人・グループで解きながら，紛争解決の原則を習得し，実践力を身につけるトレーニングに入っていきます。課題は，以下の後続する単元を通じて，難易度の順に配列します。

　テキスト『平和を創る発想術』の例題「夫婦の日曜日」では，休日の過ごし方をめぐって，文化的背景の異なる夫婦が対立している紛争をもとに，トランセンド・マップの基本やトランセンド的な発想の基礎を学びます。X軸とY軸に紛争の当事者とゴールをとると，最低5つの解決のための候補が挙げられますが，どちらかの一方的な勝利（図中の2や3）ではなく，均衡の取れた1（撤退）・4（折衷）・5（トランセンド）の楕円の中での解決を模索すること，中でも5のポイントは，両者の目標を達成しながらも，それ以上の何かプラスになるものを創り上げる創造的なアイディア（紛争の転換）として重要であること，などが学ばれます。

　「会社のリストラ」は，会社側が従業員の半数の解雇を，労働者側は1人の

解雇も認められない，とする対立による紛争で，5（トランセンド）の例としては，例えば会社の形態を変えて協同組合にすること，などが挙げられます。紛争解決の可能性を図式化し，紛争当事者のゴールを明確化して楕円上での解決策を考える，結論は押し付けてはならず提案とする，というトランセンド法の基礎が続けて学ばれます。

「沖縄米軍基地」では，仮に米国政府と日本政府を両軸に置いた場合，両者とも歴史的に沖縄を支配してきた経緯から，両者の当事者性やゴールに「正統性」がないことを示し，トランセンド法では常に当事者性やゴールの「正統性」を吟味しておく必要があることが学ばれます。

「エルサレムの領有」では，たとえばエルサレムを共同管理とし，訪問権と居住権とを区別することが，5（トランセンド）の解決案として例示されており，紛争をできるだけ根本から解決していくために，紛争を起こす構造の根幹を見抜いて創り変えていくこと（トランスフォーム）などが学ばれます。

【留意点】

① 「トランセンド・マップ」は，数字を代入すれば自動的に答えが出てくるような公式ではなく，紛争の性質を整理し発想を導きやすくするツールであるので，活用の際には常に「創造力」の発揮が重要であることを押さえていきます。

② 課題の回答は，最初は他者の回答に模倣的であってもいいですが，次第になるべく質的に異なる回答を奨励するようにしていきます。

③ オレンジや島の課題では，模範的な回答を暗記しても意味がなく，自力で創案するための回路を頭の中に拓いていくプロセスが，今後のため重要です。

【教室での経験から】

① トランセンド法の初期の課題を解いていくと，最初のうちは「半分ずつ」「ジャンケン」「くじ引き」などの平凡な回答が多く聞かれます。しかし，創造性の発揮のためのトレーニング（後述）を併習すると，堰を切ったように豊富なアイディアが出されることが，しばしばありました。

②オレンジの課題では，例えば次のような回答が出されました。トランセンド的な発想の萌芽が見られています。

　　○タネを植えて増やす，○別のものと交換，○たべた側が別の物をあげる

③島の課題では，例えば次のような回答が出されました。紛争の構造を転換させる発想が，さらに具体的になってきました。

　　○両国が交流できる観光地を作る，○国連平和ミュージアムを建て，収入を貧しい子どもに寄付する，○国際的な避難港にする

　これらのトレーニングでは，模範的な回答を暗記しても意味がないので，生徒たちが自力で創造性を開発できるよう，持ち掛けていくことが重要です。

【補　足】
①紛争解決法には様々なものがありますが，ここで「トランセンド法」を用いるのは，ペルー＝エクアドル紛争をはじめ現実の国際紛争の解決に寄与していることや，非暴力での解決と創造性を重視していること，その簡明性と汎用性が中等教育では最適と思われること，文化や深層文化への着目を重んじるためＳ校の環境や教育理念との親和性が高いこと，などからです。
②「正統性」（「正当性」でなく）の定義は，以降のこの科目で国際紛争の解決を扱う際は，国際法上の根拠があること，と設定しています。また，国際裁判の国際的な基準として，国際司法裁判所規程38条，59条を紹介します。
③テキストの『平和を創る発想術』（岩波ブックレット No.603）は現在，入手が困難になっていますが，各地の公立図書館などに広く蔵書がなされているものと思われます。

10〜11　トランセンド法による紛争解決（二者・多ゴール）

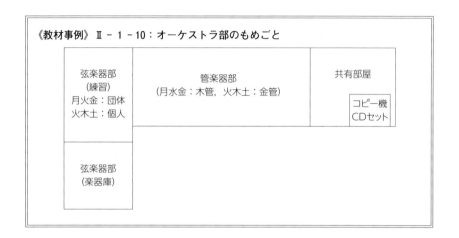

《教材事例》Ⅱ−1−10：オーケストラ部のもめごと

| 弦楽器部
（練習）
月火金：団体
火木土：個人 | 管楽器部
（月水金：木管，火木土：金管） | 共有部屋

コピー機
CDセット |
| 弦楽器部
（楽器庫） | | |

　「オーケストラ部のもめごと」は，部室・部費・練習場所・物品管理など争点が多岐にわたる，二者・多ゴールの紛争を分析し，様々な争点を複合的に取り合わせて解決していく案を考えるワークです（野島 2006b：100-113）。

　最初に，当事者に扮して互いのやり取りを演じ合います（これは，演技力が要される後続のワークへの習熟に連なっています）。次に，個人で，そしてグループで，両当事者の見解の対立するポイントをよく整理し，まず個別的に，のちにそれらを矛盾のないように一括して（トランケート），総合的にまとまった提案を創ります。グループごとの調停・仲介の案は互いに発表して，検討し合います。さらに，紛争のミディエイター（仲介・調停者）の心構えや，仲介・調停の際の望ましい手順についても，意見を出し合います。

【留意点】

①解決案には様々なものがありえますが，紛争に含まれる個々のイシュー（練習時間，場所，部費，など）ごとに部分的にすぐれた考案をしても，それらが全体として整合性のある提案にまとまるかどうか，は別の話です。弦と管の双方が納得できるように，調停案の全体を上手に取りまとめていきます。

28

②ミディエイターの取るべき態度，両ステイクホルダー（紛争当事者，理解関係者）間の気風の違い……「深層文化」（後述）への気付き，実際の調停・仲介の現場で必要とされる基本的な技能（公平に話を聞く，共感はするが同意はしない，秘密交渉を持たない，など），そして紛争を生み易い構造のトランスフォーム（部のしくみ自体を変えるなど），などについても触れながら，実践的に進めていきます。

③ここで追加されるトランセンド法の重要ポイントは，紛争や対立が解決できないのは人間の創造力の欠如のためと捉えること，創造性をフルに発揮できる雰囲気をグループで創りながら進めていくこと，紛争の解決のために暴力を用いてはならない（peace by peaceful means）こと，ステイクホルダーおよびミディエイター自身の「深層文化」を考慮すること，などです。

【教室での経験から】

①授業では，たとえば次のような提案がなされました。「共有」「第三者」の設置という重要な観点が登場しており，また，諸問題を細分・接合していく発想上の工夫が見られます。

○練習は，月・火を管が，水・木を弦が行い，金・土は合同練習とする。
　弦の2部屋のうち1部屋を共有の楽器庫とする。
　共有部屋を Communication Space とし，仲良く使える努力をする。
○（横長の3部屋の）壁を壊して，共有部屋を管のものとする。
　新たに「打楽器」の部屋を創る。部屋の定員を決める。
　練習は，曜日を分ける。（月水金を全員で，火木金は管弦問わず個人練習）
○共有部屋を共有の楽器庫とし，共同管理とする。
　コピー機などは弦と管の真ん中に置く。
　週に一度，全員でいちばん広い部屋に集まり，演奏をする。

②後年度には，部室内でのやりくりを諦めて，出題図の外部に新たな敷地・建物を求める構想が出されるようになりました。その際は，新たな敷地が得られるという有力な見込みや，その代償（例えば費用を部員たちで工面するなど）をも付しての提案としてもらうようにしましたが，互いに案を検討する段階

で，未知のステイクホルダーやゴールが増える可能性など却って困難が増えることが指摘され，再考になりました。

③「深層文化」への着目については，ノーヒントでは発見が難しい様子が見られたこともあったため，出題に際して，弦（几帳面）・管（ざっくばらん）のそれぞれの集団の雰囲気が醸し出されているような，部員たちの写真を添える改善を施しつつ，ワークシートに手引きとなる設問を設けました。

【補　足】

①トランセンド法の基礎の確認と定着が図られる他に，ミディエイターの態度，実際の調停に必要な現場での技能，紛争への「深層文化」（後述）の及ぼす影響，紛争を生み易い構造のトランスフォーム，などが学べるよう，諸要素を織り込んだ課題です。

②この演習課題は，実際に起こったある紛争をモデルにして創作した，架空の紛争です。

12〜13　トランセンド法による紛争解決（複雑）

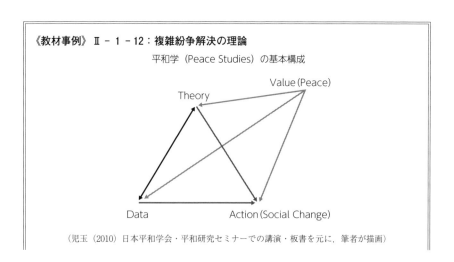

《教材事例》Ⅱ－1－12：複雑紛争解決の理論

平和学（Peace Studies）の基本構成

（児玉（2010）日本平和学会・平和研究セミナーでの講演・板書を元に，筆者が描画）

> 　平和学の歴史，これまでの紛争解決法のまとめ，ステイクホルダーとゴールの数の多いコンフリクトの解決を考える手順，演習問題など

〈演習問題〉
(1)「家族の遊園地」
　一家4人が一泊二日で遊園地に出かけるが，それぞれ異なる目的を持っているという紛争の解決案を考える。
(2)「三国の領海争い」
　3つの国々が，それぞれ異なる目的によって，同一の海域の所有を主張し合っている紛争の解決案を考える。

　トランセンド法の初歩（二者）を習得した次の段階として，ステイクホルダーやゴールの数の多い，複雑な紛争の解決を求めていく方法を学びます。

　たいていの国際紛争は一見，二者の対立に見えても，ステイクホルダーが複数あり，ゴールも複数あるのが通常です。また，すべてのステイクホルダーやゴールが始めからはっきりと姿を見せている訳ではなく，隠れているステイクホルダー（ズ）やゴール（ズ）も見抜いていかねばなりません。

【留 意 点】

①ステイクホルダーやゴールが増えると，紛争が複雑になり，より解決が困難になると思われがちですが，経験的には，ステイクホルダーが3，ゴールが3〜4くらいのときが最も解決が得られ易いとされています（Galtung 2007b）。解決のための選択肢やその組み合わせが増える，という面をプラスに活用できれば，解決が施しやすくなる，という理解や感覚が得られることが大切です。

②複雑紛争の解決方法の学習に際しては，はじめからあまり難解・処理不能であると感じさせないことが重要であると思われます。楽観的に，かつ冷静に段階を踏んで取り組めるような，加えて，協働作業の楽しさや可能性につい

31

て希望感や達成感を得られるような，教室の雰囲気作りに配慮します。

③案出が減退する雰囲気になりかけたときには，創造性を喚起する別の授業プラン（後述）を，臨機応変に投入できるよう，常備しておくようにします。

【教室での経験から】

①「家族の遊園地」では，たとえば次のような回答がありました。

○遊園地に行く前夜から移動し，ホテルのワークショップで姉はアクセサリーを作り，弟はホテルのお土産屋さんへ。その間に親は2人の時間を楽しむ。

○おばあちゃんを連れていく（おばあちゃんの事情も考慮しなくてはならないのでは，という質問あり）。

○1日目，遊園地で遊ぶ。夜，子どもは疲れてすぐ寝るので，親はそれからゆっくり話す。2日目，海に行って，子どもは貝殻でアクセサリー作ってお土産にする，親はゆっくりする。

②「三国の領海争い」では，たとえば次のような回答がありました。

○3つの国の共同管理地にし，共同ビジネスを行う。

○曜日ごとに分け，時には静かな日も作る。

○A国には島や海水の使用権，B国には海，C国には海底，と分ける。

○A国の塩とB国が取った魚を組み合わせ，三国の料理屋さんを作る。

これらの例題を通じて，ゴール（ズ）どうしを上手く組み合わせると解決を導きやすい，という経験をできるだけ積むことができれば，と思われました。

【補　足】

①トランセンド法の初学者向けの講座では，原則として二者・2ゴールの単純な紛争までの扱いとなっています。課題のプリントは，TUP（Transcend University Press）の教科書や，TPU（Transcend Peace University）での研修の内容を基礎に，高校生向けにするための工夫を施しながら構成しています。

②ここでも実際の解決の事例をいくつかヒントに挙げるなど，わかりやすくす

る工夫が必要です。教材資料の文中では、「三方一両損」の故事や、トランセンド国際による旧ユーゴスラビア紛争の調停案としての、領域の「四角トレード」（ステイクホルダー4者のうち1者が拒否したため実現しなかったが、非常に柔軟な発想に基づいていました）を提示しています。

14～15 トランセンド法による紛争解決（超・複雑）

> 《教材事例》Ⅱ-1-14：万里地球学園の新・運動場工事問題
> 　超・複雑紛争「万里地球学園の新・運動場工事問題」での、各ステイクホルダーの主張の骨子
>
> 《教材事例》Ⅱ-1-15：万里地球学園の新・運動場工事問題（マトリクス台紙と事例）

　ステイクホルダー数・ゴール数のさらに多い、超・複雑な紛争の解決の実習に入ります。人間が同時に演算できる事物の数には限界があるため、紛争の本質を壊さないようにしながら、紛争の単純化を図り、その上で主要な紛争項目（コア・コンフリクト）から順に解決を考える、……という手順になります。

　「万里地球学園の運動場開発」は、ある学校が山間部を切り拓いて運動場を開発しようとしますが、ライバル校、自然保護団体などが反対。市長や工事引受業者らも絡んだ、多者の入り乱れる紛争の、解決案を考える課題です。

　生徒たちは、いったん紛争のステイクホルダーとなって、それぞれの立場に基づく主張を、プリントの骨子のもと、アドリブで論じ合います。次に調停者チームとなって、この紛争の調停案を考案していきます。

　調停案の考案では、マトリクス法を用いながら紛争の単純化を行い、「コア・コンフリクト」を発見、周辺コンフリクトとそれぞれに解決案を見出して、最後に解決案どうしに矛盾がないよう整合化（トランケート）する手順を習得します。解決案はここでも、トランセンド（紛争の転換）・トランスフォーム（紛争の構造の変成）の発想をもとに、創造的に考えていきます。

【留 意 点】

①これまで学んだ技能の確認はもちろん，「紛争の単純化」という技能の獲得が新たなポイントになります。紛争解決では経験値を積んでいくことが重要で，経験回数が増えるとともに技能に習熟していく手応えを，個々の生徒が自ら感じ取れるように進めることが肝要です。1人1人の生徒の性格や特徴も踏まえながら，言動をよく観察し，臨機応変な助言を教員は行なっていきます。

②ステイクホルダーが多くても，必ずしもすべてのステイクホルダーがすべての組み合わせで対立している訳ではない（潜在的に協力できる要素をもっている，少なくとも対立はない，などの関係もある）ことを，マトリクスから見取ることができます。

③マトリクスはここでも「コア・コンフリクト」の発見のためのツールなので，厳格な公式ではないこと，縦列／横列で見たときに必ずしも評価が一致しない場合もあること，人によって評価が変わる場合もあること，全体の傾向の把握が作表の目的であること，などの説明を，必要に応じて加えます。

【教室での経験から】

①マトリクス法の記載方法については，紛争の特性に応じて原則として自由ですが，ここでは仮に，ステイクホルダー間の関係を；[直接的紛争（!!），間接的紛争（!），紛争なし（−），その他（△）]の4種とし，紛争の性質については；[教育の理念（教），環境の保護（環），財政（財），他（その他の性質の紛争）]を，仮に置きました。プリントの手順を参考にしながら，各行で分担して評価して1つの表に整理し，各行・各列の評価を縦横に集計，最も紛争の多いステイクホルダー，最も頻度の高い紛争のイシュー，最も影響力の大きいステイクホルダー，などを炙り出していきます。

　こうして「コア・コンフリクト」を発見し，第一にその解決案を考え，次に周辺のコンフリクトの解決を創案，そして諸案どうしの整合化（トランケート）を図っていきます。

　ただし，数学のように常にきれいな数値が揃う訳ではなく，生徒ごとに評

価が分かれる項目もあるため，互いに点検し合いながら必要に応じて協議を
行っていきます。協議では無理に1つの合意を作ろうとせず，色々な見解が
出たらそれらを書き込んでいき，全体の大まかな傾向をつかんでいくことを
本義としていきます。
②解決案の事例としては，次のような回答がありました。

○市の運動場を壊して公園にし，市が管理していた土地を放課後の時間帯に開放（工
　事は耳面建設が行う）。学園の体育館を壊して運動場にし，体育館を使っていた人
　たちは市の運営スペースに移る。
○フィールド付きの里山を山林に作り，生物の多様性を維持する。里山から学校まで
　はバスを利用する。または，学校の屋上にフィールドを作る。
○学園の屋上に運動場を作り，市民共有スペースとして交流や市民参加の体育祭を行
　う。環境教育を学園で行い，地域周辺のボランティア活動を必修とする。自然の会
　と住民が歴史や自然などについて講演会を行う。

③ここで，ミディエイターの心掛けや技法についても，さらに意見交換を経
　て，次のようにまとめました。

○個別にそれぞれの意見の内容を聞いておく。
○意見を聴きながら信頼を得ていく。
○できれば丸いテーブルで，立場にはっきり分かれずに混じり合って座る。
○公平に時間を与える。
○ミディエイターは自分の意見を言わず，利害関係に関わらない。
○人間の心理も読まないといけない，ハードな仕事。
○中立を守りながら和解に協力する。

④ある年度には，北欧で実際に環境アセスメントのミディエイターとしてのト
　レーニングを積んだS校卒業生に来てもらい，モデルを演じてもらいまし
　た。
⑤「個人により『正しい』の見解はそれぞれ違う。私たちは衝突し合う際に皆
　が納得する結果を出すように，共通点や妥協点を見つけなければいけない。

難しいが，それがスムーズにいくように助けてくれるファシリテーターは更にcomplexな立場の仕事だ。とても興味深かった。」（生徒の感想より）

【補　足】

①トランセンド法の超・複雑紛争の解決法には他にも，数式を用いるものや，分子モデルを用いる方法などもありますが，いずれも中等教育段階では難解と思われたため，TPUの講座での演習で勧められていたマトリクス法をもとに構成しています。

②マトリクス法ではこのように，すべてのステイクホルダーどうしの関係を表にして，それぞれの間の紛争の有無や強度・性質などを書き込み，「コア・コンフリクト」「コア・イシュー」などを見つけていきます。この技法は，以降の国際紛争の解決の段においても重要になります。

(⑯〜⑱)　深層文化

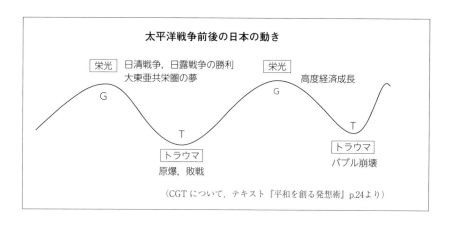

（CGTについて，テキスト『平和を創る発想術』p.24より）

《教材事例》 Ⅱ－1－17：核軍縮交渉（スパイラル・ノート事例）

この単元は，2者による紛争の解決法を学ぶ過程の中で，最適の時機を選ん

で実施します。紛争の分析や解決，仲介・調停の際に把握することが必要な，ステイクホルダーの持つ「深層文化」（Deep Culture，または「集合的無意識」Collective Unconsciousness）について，まずテキストの記述を元に学びます。

「深層文化」は，紛争の表面に必ずしも現れず，普段はその社会の人々の意識の奥底に潜んでいますが，特に大きな危機が起こった際などに，人々の間で共鳴しあう思考の枠組みとして登場し，紛争の推移に大きな影響を与える要素で，中でも国家のエリートらが最も強く保持する傾向があるものとされています。高校生向けには，"ふだん意識されていないが，その社会の人々が当たり前だと思っている考え方のパターン"との表現を試みています。

テキストには，事例として，イスラム過激派と米国政府エリートとの対立が，両者ともに二分論的な世界観を持ち，善・悪の二元論的で，目的の実現のためには闘って勝つことを本義とする「深層文化」を持っていることが，紛争を悪化させている要因として挙げられています。フランスでは，通りの名前に男性の為政者や軍人の人名が広く用いられていて，国家的な危機の際には人々が無意識のうちに，男性の英雄的な指導者の出現を求めがちであること，などが例示されています。

また，歴史教科書の記述を通して，その国家や民族の持っている歴史に対する意識のありようが作られている様子が，C：Chosen-ness（選民意識），G：Glory（歴史上の栄光），T：Trauma（歴史上の大きな心的外傷）の3項目をもとに分析されるとしています。そして日本社会の例を元に，GとTが周期的に繰り返されてきた経緯から，国家の歴史や紛争の発生を自然現象の推移のように捉える考え方（政治自然主義）が，人々の無意識の記憶の中に留まっている，と説明しています。さらに，日本の「深層文化」については，非常に垂直的な人間関係，中庸の精神，「悪魔」の概念を持たない，などの特徴があること，などが書かれています。

まとめとして，紛争の解決のためには，ステイクホルダーがそれぞれに持つ「深層文化」を看破・自覚（"見える化"）して，その善い点を活用しながら，悪い点を改める心構えが必要であること，などが書かれています。

ワークでは，個人・グループで，日本社会の「深層文化」について，身近な

事例を基に取り上げ，それらがどのような紛争観を形作っているかを分析します。地名や人名が主に自然の事物に基づいてつけられていること（"桜"公園，"山川"さん……）など，浮かびやすい例から始めて，非常に垂直的な人間関係，中庸の精神，政治自然主義，「悪魔」（「鬼」とは異なる）の概念を持たない，……についても，経験や実例を挙げながら確かめてみます。

　次に，国家エリートらの持つ「深層文化」が実際の紛争に影響を与えている例として，動画（『核兵器は本当になくせるか──非核保有国が挑んだ４週間』（NHK 2000年８月放映）を視聴しながら，核不拡散条約（Treaty on the Non-Proliferation of Nuclear Weapons, NPT）検討会議（2000年）での核軍縮交渉の場で，各国代表の言動にどのように「深層文化」が顕われているかを見抜いて，スパイラル・ノートの方式でまとめるワークを行ってみます。

　この動画では，中小国の代表団「新アジェンダ連合（NAC, New Agenda Coalition)」が，核大国の代表たちを相手に，核廃絶への明確な約束を取り付けるための交渉の舞台裏が取材されています。テキストに書かれているような，ロシア代表の外交官の悲観性・社会の垂直性，中国代表の実務性・陰陽道的発想，米国代表の勝利主義的な交渉術，日本代表の接待・根回し戦術，などが，非常に色濃く顕れています。

【留意点】
①高度に抽象的な概念であるので，できるだけ豊富な事例を，身近に感じられるものから挙げ示していく必要がある学習項目です。説得力のある身近な事例をどれだけ挙げられるか，実際の紛争の推移にどれほど大きな影響を与えるか，を示すことが，この単元の授業の成否に大きく関わってきます。
②日本社会の「深層文化」についてのワークでは，例えば欧米社会で，聖書の人物の人名や英雄に由来する地名が多い，Yes/No をはっきり答えないと相手に不快感を与える，年長の人に対してもあまり遠慮せず意見を言える……などの例と，「比較」をしながら進めることが，理解を深める一手法です。

【教室での経験から】

① 「深層文化」はとても抽象的な概念なので，当初はもし理解が非常に難しければ，学習の範囲から除くことも想定して，授業に臨みました。しかし実際には，生徒たちの興味を強く引き付ける学習項目となりました。特に，海外で生活した体験を持つ生徒たちや，日本国内に居て複数の文化のもとで育ってきた生徒たちからの指摘（「これまで黙ってきたけど，言いたかった！」）はとても有用で，日本社会を外から観て発見したことや疑問に感じていた習性，などが出され，国内一般生徒たちにとってはどこでも当たり前だと思っていたことがそうでなかった，という気付きとして感化を与えること，しばしばでした。国際色の豊かなS校では，文化の異なる生徒・教員間のふれあいの場面が日常的であるため，校内の体験で気付かれた事例も，多々出されました。

② 核軍縮交渉の動画の教材では，NAC諸国と核大国との外交官どうしの交渉の過程で，諸国の政治エリートである外交官の言動に，「深層文化」が大変よく現れすぎていることに，驚きの反応が見られました。また合わせて，実際の外交はこのように行われるのだと知った，核大国でも交渉の末に折れることがあるのは意外だった，……などの感想が聴かれました。

【補　足】

① 「深層文化」は紛争解決のプロセスにとって，プラスにもマイナスにも働くこともある点や，永遠・不変のものではなく，意識化することや変えることができることについても，テキストに書かれています。

② 「深層文化」の学習は，「文化相対主義」をいったん学習してからの学習として位置づけていないと，ステロタイプや偏見を助長するおそれが考えられます。紛争の分析に役立つ概念ですが，必ずしも特定の集団の構成員のすべてをひとくくりにして決め付けるためのものではないことについて，特に丁寧に説明を施さなければなりません。

③ 仲介・調停の場でミディエイターは，ステイクホルダーだけではなく，ミディエイター自身の深層文化と，それが交渉に及ぼす影響についても熟知し

ておくべきことや，様々な文化を持つ複数のミディエイターがチームで取り組むことでマイナスの影響を少なくできうることについても，以降の紛争解決のワークを見据えて，押さえておく必要があります。

(⑲〜⑳) 創造的な発想法と集団創造思考

〈演習問題〉
(1)「もし私（人間，世界）が○○だったら」「もし○○という発明ができたら」（個人・グループ）
(2)オズボーンのリストに沿って，様々な「傘」を考案してみる
(3)「遊園地の再建」……次第にすたれてきている地域の「遊園地」を，誰もが訪れたくなる魅力ある場所に改変・提案しよう。
(4)「理想の卒業式」……所属校の卒業式を，参加者全員にとってもっと意義深いものに変革・提案してみよう。

《教材事例》 Ⅱ－1－19：創造的な発想法と集団創造思考
　オズボーンのチェックリストによる発想の事例
　集団創造思考の基本概念図

《教材事例》 Ⅱ－1－20：理想の卒業式（作品事例）
　「理想の卒業式」のワークでの，集団創造思考の途中プロセス（板書記録）

　これも，導入部の紛争解決の学習の過程で，紛争解決の例題を解く際に，生徒たちの発想力の活発度を見ながら，最適な時機に取り上げる単元です。単に紛争解決の課題を解いていくだけではなく，個人の創造的な発想，およびグループの創造性（ブレーン・ストーミング，集団創造思考）そのものの喚起を直接に促すトレーニングが，随時に必要です。

　特に，グループでのトレーニングでは，意見と意見を発する人の人格とを区別する，発想を奨励する段階と討議の段階を区別する，ある意見の欠陥を補充することは全員の課題と考える，あまり魅力的でない案はわざわざ潰しにかからず放置して主案の発展に注力する，欠陥も含む意見どうしの長所を互いに融合してより高度な発案としていく，……などの基本について，個人・グループで課題を解きながら，習得を目指します。これらは，本カリキュラムの展開部での，グループでの紛争解決案の創造のときにも，必須の技能です。

【留 意 点】

①たとえば日本国内出身の生徒たちによると，小学校の学級会では，論議せずすぐに多数決を採ってしまう，批判を恐れて牽制・沈黙する，声の大きな人がディベートのように他の意見を論破する，優れた1人の意見にすぐに付和雷同する……といった話し合いの習慣が深く見られたようです。創造力の発現のためのトレーニングは，一過性のアクティヴィティとせず，このあとの授業でも，根気強く恒常的に，随時に機会を設けて取り組む必要があります。

②単に発想を楽しむだけでなく，紛争解決への貢献により繋げていく意味で，例えば「非領域的連邦」など実際の紛争解決で提起された，専門家による創造的な案の事例を紹介することも必要です。これは，トランセンド国際によるスリランカの紛争での調停案で，対立する2つの民族が混ざり合って住んでいる国情を踏まえ，互いの領域線を定めないまま2つの政府を創設し，住民は現住所のままでいずれかに所属する連邦国家とする案（実現はしていません）です。

【教室での経験から】

①定められた事項に疑問を差しはさまず，踏襲・記憶していく授業のみにほぼ勤しんできたタイプの生徒たちにとっては，創造性を発揮していく境地に至るまでに，かなりの時間を要することもあります。けれども，子ども時代の楽しい経験を想い出して互いに類例を紹介し合う，グループ対抗のゲーム形

式にする，互いに案を組み合わせる楽しさを体験する，……などの助走路的なワークを重ねると，あるとき突然目覚めたように，創造力があふれ出てくるような状況になることは，何度も経験しています。

②「遊園地の再建」のブレーン・ストーミングでは，授業のはじめは，待ち時間が少ない，イヤなことを忘れる，安い，無重力マシン，などのシンプルな案が多い状態でしたが，複数の案の組み合わせなど話し合い方の工夫が進むにつれて，たとえば次のようなユニークな発想が出されました。

雨の日に行列の上に屋根が出てくるサービス，空からおやつが降るタイム，無料招待日，参加できるお化け屋敷，食べながら乗れるジェット・コースター，夜景が楽しめる，昼寝場所がある，実写版人生ゲーム，願い事がかなうアトラクション，等々。

③「理想の卒業式」では，作品事例に挙げたような途中経過を経ながら，さらに様々なアイディアが生み出され，そのいくつかは企画ミーティングへ出されて実現することとなりました。

④創造的な発想や話し合いを司るための手順の学習が，たとえば生徒会内での話し合いの円滑化や，卒業後の進路決定の考え方の整理に役だった，という例が，生徒たちから聞かれることがありました。

【補　足】

①授業メンバーたちの間に，互いの創造性を刺激していくことのできる親和的な雰囲気が醸成されるような授業風土にしていくことも，この単元の大切な目的の１つです。このコース全体を通して，誰でもいつでも気になったことを発言でき，異論・反論も含めて互いに遠慮なく発言ができ，ユーモアを共有でき，どんな突飛な発言も尊重されるような，活気のある柔軟な雰囲気を尊重していくことは，極めて重要であると思われます。

《導入部の全体をふり返って》

導入部の授業実践で気付かされたことには，次のようなものがありました。

○どんな意見や質問が出ても，教員が頭ごなしに否定する，ということは避け，でき

る限り生徒たちの互いの意見交換の中で学びが練られていくことを期待しました。ただし，後述するように，教員主導のやり方を避けるあまりに，すべて生徒たちからの発想任せにした場合には，案出が困難な事項もあることが解りました。

○平和・暴力の概念のワークに絡めて，アウシュビッツ収容所跡など，教員が実際に訪問した平和に関わる現地の情報を紹介すると，よく生徒たちの興味・関心を得ることができました。特に，軍隊を持たない国家の１つであるモーリシャスでの体験を，写真付きクイズ形式で伝えた年度は，その学期の間も長く印象が残存していました。

○初年度を除いて，戦争体験者からの聴き取りは，本カリキュラム内では実施しませんでしたが，ヒロシマや沖縄の訪問経験のある生徒たちに，ワークに絡めて，その様子を話してもらうことは効果的でした。一方，冷戦期に比べて，核兵器の危険性や核抑止論の持つ問題性といった側面については，あまり詳しく学ぶ機会がなくなっていることも解ってきました。

○戦争と平和の問題を，あまり具体的な枠組みを用いないで，倫理的・抽象的に自由討論することは，実際の紛争の解決について考える段には，具体的な解決案へと結びつきにくいことが経験されました。

○論理的な話し方・書き方に焦点を当てて取り組む，自由選択科目「知識の理論Ｊ」（筆者が担当）の既習者が含まれていた年度では，例えばディスカッションで議論が横道にそれにくくなるなど，展開がスムーズに進みました。

2　展開部

㉑〜㉕	三十年戦争（17世紀）
㉖〜㉚	国際河川のもめごと（19世紀）
㉛〜㉟	国際連盟の基本構造の案の作成（20世紀初頭）
㊱〜㊵	超大国の単独行動主義（21世紀初頭）
並行単元	重要条約の調査＆質疑応答
特設単元	各年度の特別なアクティヴィティ（校外学習など）

＊展開部では，ここまでに習得してきた紛争解決法を，いよいよ実際の国際紛争に適用してみるワークにチャレンジします。まとめの段階での，生徒たち自身による望

ましい世界秩序の構想が，単なる空想や願望の域を超え，国際社会の歴史や実態を踏まえた上での建設的な創案としていくための，実質的な学習となります。

* ヨーロッパの国際関係史の主要部分は，大きな紛争の発生とその解決，というリズムの反復の図式で捉えることができます。展開部では，大きな紛争の解決法として編み出された，歴史上の世界秩序の変遷（グローバル・ガヴァナンス史）を，シミュレーション・ゲームなどのアクティヴ・ラーニング・メソッドを用い，生徒たちが紛争を演じ，次にその紛争を解決していく形式での，グループでの4つの演習課題を設置しています。演習課題を通じて，①紛争解決法の技能の高度化（超・複雑紛争の解決の実際，「深層構造」など），②国際関係史の進展（人類社会の組織化過程），③国際関係学の理論上の進展（リアリズム〜リベラリズム〜コンストラクティヴィズム，批判理論）を，同時並行的に学んでいきます（カリキュラムの概念図を参照）。

* ここでのアクティヴ・ラーニングは，ISA の ELIAS 部会に倣い，ロール・プレイやドラマを通じた事後のレビュー検討の学習や，交渉のシミュレーションなどのように，学習者の主体的な判断の自由度の大きさや能動性，展開の多様性・多元性，などを重んじる学習としています。従って，生徒たちの演技・討論の進み具合や理解の深まり具合により，授業時数の増減がありえます。また，教員の関わりは，そのほとんどがワークの進展を側面から支援する，臨機応変の助言になってきます。

* グループでの演習課題を解きながら，生徒たちのチームとしての経験が蓄積されていき，生徒どうしの親和的・建設的な関係がさらに進展していくことも期待されます。

21〜25 三十年戦争（17世紀）

役割カードの例：表（ステイクホルダー名，宗教，王統など），裏（主なゴール）
以下同様に，計17名のステイクホルダーの役割カードを作成して演技に用いる。

ステイクホルダー名	宗　教	王　統	主なゴール
神聖ローマ皇帝	旧　教	ハ　プ	皇帝を頂点とするドイツ統一
騎士	新　教		ドイツの改造，司教領を奪う
農民	新　教		税金の値下げ
諸侯その 1	旧　教		皇帝の支配を支持
諸侯その 2	新　教		皇帝の支配に反対
ヴァレンシュタイン			良い条件の傭兵雇用先
刺客			ヴァレンシュタインの暗殺
オランダ王	新　教	反ハプ	スペインに対抗して独立を勝ち取り維持する
フランス王	旧　教	反ハプ	ヨーロッパの覇権を握る
ユグノー	新　教		フランス内での新教徒の地位の確保
デンマーク王	新　教		皇帝の支配に反対
スウェーデン王	新　教		バルト海商業圏の支配
スペイン王	旧　教	ハ　プ	ヨーロッパの覇権を握る
カタルーニャ			スペイン支配からの独立
ポルトガル			スペイン支配からの独立
ローマ教皇	旧　教		旧教の権威の復活
オスマン・トルコのスルタン	イスラム教		イスラム教の普及とヨーロッパ社会への参加

＊「ハプ」はハプスブルグ家。各ステイクホルダーは個人名でなく，概念化している。

《教材事例》Ⅱ - 2 -21：三十年戦争（教室内での配置例）

　教室の机を欧州大陸に見立てて並べ，その上で各ステイクホルダーに扮して，三十年戦争の経緯を演じる。各ステイクホルダーの宗教・王統・ゴールは，カードで互いに確認し合う。（2016年度の生徒ログ・ノートより）

《教材事例》Ⅱ - 2 -22：三十年戦争の紛争解決（マトリクス台紙）

　超・複雑紛争の解決のためのマトリクスを三十年戦争にあてはめて分析してみるためのワークシート

《教材事例》Ⅱ-2-24：三十年戦争という超・複雑紛争の解決
　超・複雑紛争の解決法のポイントと手順の復習
　三十年戦争に関する資料，史実の進行……三十年戦争の推移と戦後処理

　三十年戦争は，「最初のヨーロッパ大戦」で，宗教の対立，王家の対立，国家利益の対立などが複雑に交錯した武力紛争でした。国際関係学では従来この紛争が，近代ヨーロッパで形作られてきた国際関係を観る際の，基点とされてきました。

　この大きな武力紛争は，その導火線となったいくつかの紛争と，本体の紛争での５つのステージに整理されますが，その終盤では剥き出しの国家利益どうしが衝突する様相を見せ，推定約400万人（諸説あり）の犠牲者を出しました。

　この解決のために，ウエストファリアで開かれた講和会議は，４年の歳月を費やしながら，ウエストファリア条約（1648）で領域の得喪や紛争当事者の戦後の地位などを定めました。この会議の頃から，領域線の画定と国家の相互承認のメカニズムに基づいた，ヨーロッパの国際関係の基礎となる「主権国家システム」が次第に定着していきます。

　生徒は，(1)まずステイクホルダーに扮して紛争を演じ，(2)次に仲介・調停者の立場から，個人・グループで独自の解決案を考えていきます。

　紛争のシミュレーションの段では，各役割のステイクホルダーとゴールとを概念化・単純化した役割ごとのパネルをもとに，教室に机と椅子などを用いてヨーロッパ大陸を模擬した空間を作って，その上で紛争の推移を演じ合います。当時のヨーロッパ社会でのステイクホルダーたちの地理的な位置関係を掴むため，歴史地図を参照しながら，大教室または屋外で実演できれば最適です。役割カードを互いに示しながらのシミュレーションを行うことにより，机

上のみでの検討に比べて，より紛争の全貌が理解しやすくなることを，ねらいとしています。

　次に，紛争解決法を学んだ仲介・調停のチームが現代からタイムスリップした，という設定で，この紛争の解決案を考えます。これまで学んできたトランセンド法の，超・複雑紛争の解決メソッド（ステイクホルダーとイシューを整理し，紛争の本質を壊さないように気をつけながらマトリクスを作成して紛争の単純化を図り，コア・コンフリクトを発見，先にコア・コンフリクトの，次に周辺コンフリクトの解決案を創造的に考え，解決案全体をトランケートする）の基本手順を，この歴史上の実際の国際紛争に適用していきます。ステイクホルダーの数がとても多いので，この作業はグループで手分けや検討をしながら進めることになります。

　そして，演習の結果と史実の進展を比較しながら学んでいきます。ドイツ三十年戦争の性質と深刻さ，および主権国家システムの理解については，今後の学習にとって重要事項であるので，文献（高澤 1997）から要点を抜粋・編集した読み物を用いて，確認を行います（文献の内容確認のための小クイズも実施しました）。

【留 意 点】
①複雑な紛争であるため，生徒たちが自己の役割の演技だけではなく，事態の推移の全貌を見渡せるまで，数回演じてみるのがよいと思われます。
②協働でマトリクスを作成していく際には，プロジェクターに図面を投影するか，ホワイトボードなどに大きな図面を描いて交替で記入していくなど，全員がそのプロセスへの同時参加ができるように工夫します。

【教室での経験から】
①生徒たちのオリジナルの紛争の解決案としては，大意をまとめると，たとえば次のようなものが考案されました。

　　○宗教の自由に基づくヨーロッパ憲法を作る。
　　○ヨーロッパ全体で国連のような組織を作り，大国に主要な責任を負わせる。

○王家同士で婚活パーティーを行う。
○平和条約を結び，平和教育を徹底する。
○共通の敵を設定する。
○国境の概念を作り，条約を作って侵略を防ぐ。
○モーリシャスに倣って，１つの市に複数の教会を置く。

②これらの中で，国際的な憲法や国際機関などの発想を含んだ案出について
は，以降の学習に繋がりうる，注目すべき発想と思われました。一方，「共
通の敵を設定する」は完全に非暴力的な手法といえるか，新たな紛争を産み
出していないか，などの点で，さらに一考を求めました。

【補　足】

①歴史教育に概念思考的な問題解決の技法を導入し，たとえば三十年戦争の構
造的な理解をもとに，「訓練の転移」として，現代の紛争の解決を学習者に
考えさせていく手法の有用性については，ブルーナーが示しています（ブ
ルーナー　1963：29-33）。

②ウエストファリア会議が唐突に主権国家システムを「発明」したわけではな
く，近代的な国際関係の慣習の浸透には長期を要したことや，非ヨーロッパ
社会においては，例えば東・東南アジア地域での朝貢システムなど別の国際
関係が形成されていたこと，などについて，注意が要されます（明石　2009，
大沼　2009）。

《教材事例》Ⅱ－2－25：主権国家システムと国民国家の生成

　①様々な文化や宗教を持つ人々を多色の付箋で表す。

　②いくつかの「箱（主権国家）」で互いに仕切られた枠組みの中に，人々の付箋
　　を収納していく。

　③収納された付箋（人々）の言語や文化の統一を行い（箱内の付箋を一色に塗り
　　変える），国民国家としていく。

演習のまとめとして，主権国家が（自然発生的でなく）非常に歴史的・人為的

な産物であったことを整理します。生徒たちと，写真のようなモデルを用いて作成しながら，主権国家システムでの基本ルールと，その後の国民国家の生成について，教員が説明していきます。さらに，この主権国家のシステムの持つ構造的な欠陥（過度な分断性）が遠因となって，次の時代に大きな矛盾や暴力が発生していくことについても触れます。

　主権国家システムは，その後の時代に幾度も修正が施されながらも，今日もなお国際社会の基本形となっています。国際関係学では，主権国家の力関係で国際社会が動かされていく，とする「リアリズム」の表象となる事象です。

　この単元では，次の5点を重要な学習ポイントとして設定しました。

（i）「主権国家システム」は，1つの大きな紛争の解決策であったこと。

（ii）「主権国家」は人為的に作られた制度であり，自然発生物ではないこと。

（iii）主権国家システムの要点は，国家承認の原理と国境線の画定にあること。

（iv）後世になって，主権国家システムには，その弊害も顕れていったこと。

（v）主権国家システムは，この時代の段階ではまだヨーロッパ地域に限られていて，他の地域には別のしくみがあったが，その後世界大に浸透したこと。

【留　意　点】

①国際紛争の解決案を考える際に，あまりに国家を同質的・自然発生的・絶対的な集団であると思いこみ過ぎたままの状態だと，国家間のパワーゲームのみを中心とする思考にとらわれて，リアリズムな思考にのみ自ずと接続されやすくなり，紛争解決の案出に必須である，発想の柔軟性・創造性が失われてしまいます。

②別の調査（Nojima 2009, 2019）によると，主権国家や国民国家について，同質的・自然発生的・絶対的な動かしがたい存在である，という国家観や国際社会観が，生徒たちの中に根強く存在している様子が判ってきました（S校生徒の1/4〜1/2の生徒が，そのような国家観や「民族国家の対峙」しあう国際社会観を自然・当然と考えていました）。このような学習上での「かまえ」を意識し，主権国家が歴史的・人為的な産物であることに加えて，文化・民族の上

で内部が単一的な国家は，現実の国際社会において，ごく一部であることについては，特に慎重に押さえていく必要があるものと思われました。

③主権国家システムは自然発生的でなく，国民国家制度は普遍的ではないことについては，この単元だけの学びに留めさせることなく，以降も機会あるたびに反復して学習する必要が感得されます。本カリキュラムのまとめの段階では，「人類社会の組織化過程」のワーク（後述）で，国際関係の変遷を図式化しながら整理する，などの工夫を施していきます。

【教室での経験から】

①国家はどのように国家として認定されるルールなのか，生徒たちに推論を求めたとき，国連による認定がなされるのではないか，独立宣言でOKでは，……などの案が出されますが，主権国家どうしの「相互承認」のメカニズムに，独力で考えをたどり着かせることには，大きな困難が見られました。

②主権国家システムは自然発生的でなく，国民国家制度は普遍的ではないことについては，中3年次や高1年次の学習においても，随時にこの論題についての取り立てての学習を，さらに強化するよう試みることとしました。

【補　足】

①公民科の教科書では，主権の概念としてボーダンの古典的な定義や，国家の三要件が記されており，また歴史の教科書では「国家」「主権国家」「国民国家」の概念の区別がやや曖昧な場合も見られますが，国際関係学での主権国家システムの，より本質的な点は，(i)国境の画定と，(ii)国家の相互承認の2点です（ウォーラーステイン 2006：109-116）。

②日本列島上の社会も古来，民族的に多元的な社会であったこと（網野 1996）も，参照してみると，学びに深まりが加わります。

26 〜 30　国際河川のもめごと（19世紀）

《教材事例》Ⅱ－2－26：国際河川のもめごと

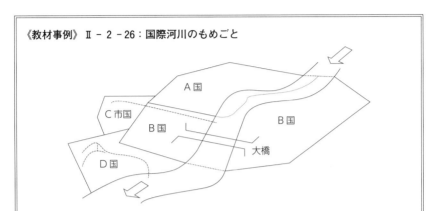

　ヨーロッパを流れる，ある国際河川の流域にある4つの主権国家が，互いの利益をめぐって対立したため開かれた，国際会議のシナリオとワークシート

《教材事例》Ⅱ－2－30：深層文化・構造・行動
　紛争を分析する際に必要な，深層文化・深層構造・深層行動の関係を記した概念図（TUPの教科書の記述に基づいて筆者が描画）

　国際紛争の解決のために「主権国家システム」の修正が施されていった，19世紀の国際関係史から学ぶ単元です。

　ヨーロッパにある国際河川の流域の，互いに政治体制も深層文化も異なる諸国が，河川の開発や通航・通商ルール，防疫体制，など多くのイシューをめぐって複雑に対立する紛争の解決と，国際機構の生成の始まりについて学びます。生徒たちは，まずステイクホルダーに扮して紛争を演じ，次にタイムスリップしてきた調停チームとなって，個人・グループで独自の解決案を考えていきます。

　この単元では，分断と連帯とを何度も反復するヨーロッパの国際関係史（鴨

1992；梶田 1993）をさらに次へとたどり，産業革命や市民革命を経たヨーロッパ社会が，人びとの活動の増大に比して狭くなってきた主権国家の間の「分断」を乗り越える，国際的な組織体（国際機構の萌芽）を要するようになった経緯を学んでいきます。前項で学んだ，三十年戦争の解決策としての主権国家システムが，次の時代の新たな紛争を招く根源的な土台となっていることに，注意深く着目します。国際河川の管理に始まる国際的な委員会や，その後の国際機構の発達により，「分断」が「統合」の方向へと修正されていく過程を扱います。

1　紛争のシミュレーション

　この課題は，国際関係学の文献に基づき，国境を超えた通商，伝統産業と新規産業，警察権の競合，環境保護，度量衡，など，当時のヨーロッパで実際に生じた様々なイシューでのコンフリクト群を元に構成した，架空の紛争です。たとえば，当時に繰り返し発生したコレラのパンデミックをめぐる，疫病の国際的な撲滅の必要性と国家主権との緊張関係（脇村 2008）について見ると，今日のコロナ禍とも共通する論点が多いことに気づかされます。

　科学の発達が及ぼした「産業革命」や「交通革命」によって，主権国家の枠組では解決し得ない問題が多々発生している様子から，紛争の解決のために当時のヨーロッパ社会が，国際的な話し合いの場を創る必要性に迫られた実情を理解することが，ここでの1つのねらいです。

　また同時に，既習の「深層文化」が紛争の性質に影響を与える様子も描写の中にあって，国民国家の形成を背景に，各国の政治体制や国民性の違いが紛争の根底に影を落としている様子についても，副次的にシナリオの中に織り込まれています。紛争を演じる段では，ステイクホルダーになりきってのアドリブのやり取りも，もちろん歓迎されます。

2　紛争の解決案

　シミュレーションでは，架空の国際河川の流域にある4つの架空の主権国家から，それぞれ元首と一般市民から8名のステイクホルダーが集まり，話し合

いを行う設定ですが，あまりに対立するイシューが多く，既習の超・複雑紛争の解決法をそのまま適用するだけでは，根本的な解決に到ることができません。

　シナリオの中には，直接的には明示されていませんが，国々と人々を対立させて紛争に仕向けている，事態の深層に隠れている根本的な原因を発見することが，この課題での最も重要なポイントです。ここでは，国々や人々が拠って立っている「主権国家システム」そのものの性質（国家の内政は他国に干渉されない，国家の上に立つ機関は存在しない）が，目に見えないところでこれらの紛争を起こしやすくしている状態に気づく「発見力」と，紛争のより根本的な解決を考えての案出にトライすることが，期待されます。

　トランセンド法のトレーニングのうち，紛争の根本にある「深層構造」（Deep Structure）を看破し，国際社会の根本的なトランスフォームを志す，というスキルは，国際社会の構造的欠陥を踏まえて，現実の国際紛争の解決を考案していくために，習得が必須な項目です。ユネスコの「軍縮教育」の提起する「現在の武装民族国家のシステムを……非武装平和の新しい世界秩序にトランスフォームする過程を探る」学習に迫る上でも，特に重要な学びです。

　演習後は，文献による史実の確認と，オリジナル解決案との比較を行います。史実の確認の段では，中等教育段階に適切な文献がなかなか見つからなかったため，大学の学部レベルの教科書の文献（横田 1993）をもとに，教員が説明を加えながら，ゆっくりと読み合わせるようにしました。

　当時のヨーロッパ社会は，「国際河川管理委員会」を設立し，主権国家システムの欠陥を修正・緩和する方向での解決策へと向かいます。この動きはやがて，さらに多くのイシューを扱う「国際行政連合」へと繋がり，これは後の国際機構の萌芽ともなっていきます。国際河川管理委員会の成立の経緯からは，交通手段や流通の大きな変化によって，国際河川の交通ルールの策定や国境を超えた保健・衛生の管理など，当時から主権国家の「主権の壁」を乗り越える観点が，既に必要となっていたことを学びます。

　国際関係学では，主権国家間でルールや機関を設立すれば紛争を制御し，国際平和を現出できるとする，「リベラリズム」の潮流の表象となる事象です。

【留意点】

①表面に出ている多くのイシューの個別の解決案のみならず，紛争をもたらす「深層構造」を発見し，それをトランスフォームするように進めていくことが，このワークでの最も重要な学習のポイントになります。前の時代の紛争解決のための制度であった「主権国家システム」が，次の時代には国際社会の「分断」を招き，新たに紛争をもたらす「深層構造」となっています。この新たな紛争の解決のために，国際機構がこの後次第に形作られ発達していくことにより，主権国家システムは，その基本形が維持されながらも，大きく修正が行われていきます。

②紛争の「深層構造」の他の例としては，ジェンダー，歴史的な分断線，などがあります。授業では，"ものごとの表面からは見えないところにある，紛争を起こしやすくしている根本的な仕組み"のように説明しています。なお「深層行動」については，さらに高度に抽象的な概念であるため，このコースでは，紛争のミディエイターに必要とされる技能の1つ，として例を挙げる範囲に留めています。

③のちの国際連盟が人類・初の国際機構，との表記のある教材で学んできている場合（国際平和のための常設的・普遍的な国際機構としては初），この時代での国際的な組織体の設立という発想を，生徒が無意識に解決案を模索する中から除外しているケースがありえます。

【教室での経験から】

①「深層構造」の学習には，かなり高度な構造把握力・発見力・洞察力が必要であり，ほとんどの生徒たちに試練を課すことになるものと予想されました。しかし初年度の教室では，できるだけ生徒たち自身による創案を尊重する意味から，ノーヒントで，解決案の作成を求めてみました。

　当初，生徒たちは，これまでの学習に則って，超・複雑紛争の解決のアルゴリズムに添って，マトリクスをまとめてみたり，深層文化を整理してみたり……という作業を行っていました。しかし，その作業から，「各国"主権"を主張しすぎ」「"主権"があるからといって，他国に被害を被る時でも他国

を考慮に入れなくていいのか？」「各国の川への関わり方や主権をどこまで
どういう風に主張できるのか，ムズカしい問題だと思う。何やら疫病の問題
は共通に見えるけど……？」（生徒ログ・ノートより）との議論が行われまし
た。グループの力だけで，ここまでたどり着いたことには，本当に驚かされ
ました。

　また，この回のログ・ノートの記録を担当した生徒は，この紛争の全体像
が俯瞰できるイラストを自主的に作成しましたが，紛争の全体像が非常に分
かりやすく，これは後の年度に，教材プリントに掲載させてもらうこととし
ました。

②ただし，年度によっては生徒たちが自力でそこまで辿り着くことに大きな困
難が生じたため，教員からの適切な助言やヒントが求められました。試行錯
誤を経て，最も効果のあったと思われるヒントは，山形・天童市で毎年開催
される「人間将棋」を訪れて撮影した動画や写真を見せることでした。将棋
の駒とされた兵士たちは，81マスの大きな将棋盤の上で，敵・味方に分かれ
て，否応なしに"闘わせられている"状態に置かれています。個々の兵士た
ちは，彼らを支配しているゲームやルールの存在に気づき，何とかトランス
フォームしないと，（「国際河川のもめごと」での各国代表たちのように）永久に
"闘わせられ続ける"ことになります。互いに主権を持つ主権国家どうし
が，個別のイシューでの争いはともかく，国家間の争いが続く時代そのもの
に終止符を打てなくなっている，という現象の，ちょうどよい比喩になるよ
うに思われました。

③国家の持つ主権の功罪については，以降の学習の重要な鍵の1つとなるた
め，この後の単元でも反復的に考えるタイミングを創っていくこととしまし
た。

④この単元の学習を経ることで，主権国家システムを相対化してみる視点や，
紛争解決にチャレンジする際に「深層構造」を見破ろうとする習慣が根付き
始めたように思われました。また，複雑な紛争の解決の授業の冒頭で，簡単
な演劇の方式を用いることについては，ほぼ毎年度，好評でした。

【補　足】

①グローバル・ヒストリー研究の立場からは，「世界秩序（world orders）」の一例である，主権国家の作り上げるシステム「国際体系（international system）」が極めて有力であった時代（1870-1960年代）は，それ以前・以後に，非・国家主体も含めた世界秩序が形成されていた流れの中での，例外的な百年間として採り上げられています。そして，帝国主義やその根底にあった「主権国家主義」が圧倒的であった時代を相対化して観るべき，との指摘がなされています（入江 2008）。

②国際河川に関わる国際的な紛争は，現代においても発生しています。例えば，ドナウ川流域近くでの有毒廃棄物の流出事故（2010年10月）が，非・ヨーロッパ地域では，メコン川の渇水と流域国サミットの開催（2010年4月）などが挙げられます。

③ナポレオン戦争は，約490万人が犠牲となる大きな武力紛争でありましたが，紛争後のウィーン会議では，戦乱以前の秩序に戻す，という措置が行われたため，国際関係のトランスフォームを主に扱う本コースの学習の上では特に演習化せず，史実の推移のみを文献で学ぶこととしました。

④第一感には反するようですが，物語形式を用いた教材において，ストーリーにある程度の複雑さを持たせた方が，より学習の効果をもたらすことが指摘されています（秋田 1991）。物語全体の構造的な理解に必要な発達段階の確認については，先行研究（進藤・吉田 1986）に依っています。

⑤ウクライナでの武力紛争（2022-）に対しても，トランセンド法での分析が適用可能です。個々のステイクホルダーへの非難や懲罰を論じるだけでなく，歴史上，東ヨーロッパ社会を繰り返し揺るがしてきた，紛争を起こしやすくしている，より根本にある問題点にも迫りたいものです。たとえば，西ヨーロッパとロシアとの間で常に流動する，中世に端を発する分断線が，この紛争での「深層構造」にあたるものと思われます（野島 2022）。

⑥他に，アフリカ大陸での様々な紛争の根底には，諸民族の分布と国境線との間に大きな矛盾があることに対して，洞察が求められます。

31～35　国際連盟の基本構造の案の作成（20世紀初頭）

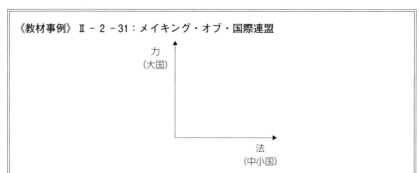

《教材事例》Ⅱ－2－31：メイキング・オブ・国際連盟

力
（大国）

法
（中小国）

・人類初の，国際平和のための常設的・普遍的な国際機構の草案作成の課題
・一次大戦のインパクト，それまでに創られた国際機構，国際機構の必要性を訴えた思想などの情報のまとめ
・大国群と中小国群の間で対立する論点，トランセンド法の復習

　ヨーロッパの主権国家群の間の対立が鮮明となり，最初の世界大戦が行われた後，世界の主要国は戦後の復興と秩序創りのため普遍的な国際機構の創設に取り組みますが，そこで以降の世界秩序を考える上での重要な紛争が起こります。大国と中小国との間に，様々なイシューでの意見の相違が見られ，その背景には，大国の重視する「力」と中小国の重視する「法」との間の，大対立がありました。

　この演習で生徒たちは，まず大戦後に生じた大国（「力」を表象）と中小国（「法」を表象）との対立を，簡単に演じ合います。次に，当時にタイムスリップし，グループで調停チームに扮して，当時の現実に見合った普遍的国際機関の創設に必要な要件を探究しながら，各論点で，既存の国際社会の構造のトランスフォームを含んだ，創造的な解決を考案していきます。これは，トランセンド法（二者・多ゴール）の復習でもあり，まとめの段での，現状の世界秩序をトランスフォームして新しい世界秩序を構想するワークの，助走路的な演習ともなっています。

当時，戦争を防止するための新たな国際機構を創るにあたっては，大国と中小国の扱いを平等にするのか，人種平等を取り入れるのか，制裁や意思決定はどう行うのか，……などの論点が噴出します（篠原 2010）。これは，主として国際社会の統治における「力」を重視する大国群と，「法」を重視する中小国群との対立に，概ね集約することができます。

　また，これらの論点は，その後も現代まで引き継がれている主要な争点であるため，今日の国際社会の長所と限界とを学ぶ上でも，非常に重要な演習課題です。(ⅰ)「法」と「力」のトランセンド，という，今日の国際社会の理解にもつながるかなり本質的・根本的な論題（寺谷 2008）について学びながら，(ⅱ)紛争を起こしやすくしている国際社会の基本的な構造の「トランスフォーム」にチャレンジする（トランセンド法で得られた案を，国際連盟の機構の構成に実務的に反映させる），という２つの学びが目的です。

　演習後は，文献（最上 1996より抜粋・編集）の読み合わせを行い，各チームの案と，国際連盟の実際とを比較します。さらに国際連盟での多くの経験が，その長所も欠陥も含めて，国際連合に多く引き継がれている，という学びを得ていきます。特に，国際連合には，国際連盟と同じ限界（「大国の実力をあてにした安全保障」には共通の欠陥がある）が引き継がれている，という点は，この後の時代の学習において重要です。

　戦争の防止や解決について，国際連盟は，原則として戦争そのものの違法化を正面から謳い，中小国の紛争の処理には概ね成果を上げましたが，大国の実力を元とした集団安全保障の仕組みは作動せず，第二次世界大戦を予防できなかった，と整理できます。しかし，「国際社会の民主化」の出発点となり，加盟国代表による総会の開催や，国際裁判の制度化の進展など，国際社会での「法の支配」を実現していくための様々な新たな展開も見られた点も，その後の時代にとって重要です。

　国際関係学では，「リアリズム」と「リベラリズム」との交錯の表象となる事象です。

【留意点】

①国際連盟は，中小国の間の紛争の解決には，たとえば国際連合での平和維持活動の原型となるような施策を実施し，大きく貢献することに成功しました。他にも，「失敗」の側面に比して見ると，常設国際司法裁判所の設置による国際裁判の実施のような「成功」の側面についての記述は，既存の教材の中にあまり見当たらないため，教員による情報の補塡が求められます。

②国際連盟の「失敗」の理由として，教科書には，大国が加盟しなかった・大国が脱退したために実行力に欠けた，非軍事的（経済的）制裁しかできず軍事的制裁の権能を持たなかった，「全会一致制」のため決議が通らなかった…，という説明がなされることが一般的ですが，専門書によると，事態はそれほど単純ではなかったことが記されています（大国による軍事制裁があれば国際紛争が容易に解決できるわけではない，経済制裁を実行する際には軍事力の後押しが定められていた，事項によっては紛争当事国の投票は除外された，など）。演習後の文献による学習では，『国際条約集』で国際連盟規約の条文を直接参照しながら，既習科目での学びの修正を行います。

③個人の発案をもとに，グループでの集団創造思考を行う手順は，これまでと同様です。実際に作られた国際連盟の姿にとらわれず，できる限り生徒たちの主体的・創造的な提案が出されるよう，教員による臨機応変の助言が求められることも同じです。

【教室での経験から】

①この課題に接して，武力紛争の防止について，これまで悲観的な考えを基にしてきた生徒は，世界大戦という大きな暴力の回避や克服について何とか知恵を出さねばなりませんし，楽観的な考えを基にしてきた生徒は，世界の民主化を進めるといっても，影響力の強い大国をまったく除外するなどしては，国際機関は空転してしまうことについて，考えなければなりません。それぞれにお互いからの学び合いが求められる様相が観察できました。

②この非常に困難な国際会議への時間旅行にチャレンジした生徒たちの構想には，「法」と「力」のバランスが考慮されており，生徒どうしの，お互いか

らの学び合いの成果が見られました。たとえばある年度では、2つの小グループから、それぞれ次のような提案がありました。

○1つ目のグループは、総会の多数決に基づいて国際裁判が義務化されるものとしました。安保理では、のちの国際連合でいう大国の「拒否権」の発動は最低2ヶ国により実現するものとし、拒否権の発動された場合には決議案は反故とならず、必ず再考が義務付けられる、と設定しています。また、NGOの代表を安保理に加えて国際世論を代弁させる、などの骨子に基づく案を出しました。
○もう1つのグループは、安保理を、パワーバランス、宗教、地域など国際社会の実態を反映して配分・構成するものとしました。紛争の解決では、まず当事者どうしの対話が奨励され、不調に終わった場合には国際裁判が強制されるものとしました。軍事制裁は（アナンの提案による「平和執行部隊」のような）平和維持軍によるものとし、かつその派遣には安保理と総会双方の2/3の同意を要する、という厳格な要件を課しています。

　　両グループとも、グループ内で協働して描いたトランセンド・マップの上に案全体の立場が図示されており、この図式を基にしながら、「法」と「力」の止揚について深く考えた様子が読み取れます。国際連盟のもとでの紛争の平和的解決のため、当時の国際社会の実態を踏まえた上で、両グループとも、多段構えの工夫が創案されていました。この段階まで来れば、「法」と「力」という国際社会にある矛盾の本質に迫る学習ができたように思われました。
③ここまでの「トランセンド→トランスフォーム」の技能と手順を要する課題での学習を通じて、困難はあっても、臆せず取り組めそうになってきたように映りました。

【補　足】
①一次大戦そのものではなく、国際連盟の設立段階での紛争を採り上げたのは、この紛争の中にこそ、国際社会を形作る互いに相容れない諸要素が、「法」と「力」を体現する様々な論点の中に息づいており、当時の試行錯誤から得られる様々な歴史的教訓が、はっきりと後世にもたらされているからです。大戦での大国群どうしの利害の対立よりも、国際社会の民主化の上での大国群と中小国群との対立を、世界秩序を考える上で、より重視することとしました。

　大戦の推移やその詳細などは，既習科目での学習に委ねることとしました。
②大国群が戦乱に明け暮れ，未だ植民地が地上の大半を占めていた時代に，しかも人類史上，未曽有の犠牲者を出した争いの直後に，人種の平等などの人権保障を含めた普遍的な国際機構を創設しようという論議は，日本史の学習になぞらえれば，まるで戦国時代の終わりに日本国憲法を制定するような，歴史を何世紀分も縮めようとする作業に喩えることができるかも知れません。当時の国際社会があまりに急進的な理想主義に傾倒したことが，次の危機を招いたことも指摘されましたが（カー 2011など），主権国家が自国の国益のために武力に訴える権利が，手続き的なこと以外には，基本的にほぼ制限を受けることがなかったこの時代の国際社会に，「法の支配」を及ぼそうとする壮大な試みからは，今日の世界秩序を考える上で，多くの重要な教訓が得られるものと思われます。

36〜40　超大国の単独行動主義（21世紀初頭）

《教材事例》Ⅱ-2-36：超大国と世界の国々
　ルールと進め方，㊙超大国運営マニュアル，振り返りシート

《教材事例》Ⅱ-2-37：アメリカはなぜ戦争をするのか
　アメリカ合衆国の圧倒的な国力（軍事力・経済力など）と，「単独行動主義」の実態，その背景にある「戦争システム」の構造の記事化について話し合う，平和新聞社編集部のスタッフのやり取り

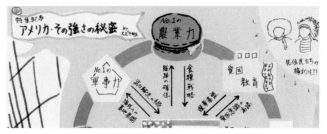

　2000年代に入ると，「唯一の超大国」となったアメリカ合衆国の政府が，国際法や国際連合に正面から挑むような「単独行動主義」を採り，様々な国際的な合意から逸脱して，国際社会を混乱に陥れます。形成途上にある国際社会の「法の支配」そのものが，超大国から挑戦を受けたらどうすればよいのか，生徒たちはまずシミュレーション・ゲームで紛争を演じ，次にその解決案を考えます。

　冷戦が終結し，旧ソ連を中心とする社会主義陣営が崩壊して，米国が「唯一の超大国」となって，あらゆる分野で世界に君臨する時代となりました。このとき，冷戦終結後の新たな時代を，「歴史の終わり」（フクヤマ 2020）と表するものから，国際社会がますます不安定になる，とするものまで，様々な将来予測がなされました。

　実際には，米国の中枢部が，非国家的・非領域的な主体により同時襲撃された「9.11事件」や，それに対抗して「対テロ戦争」と銘打たれた，国際法や国連を無視する形で実行された「アフガン戦争」と「イラク戦争」は，世界を暗澹とした空気に陥らせ，いわゆる「テロリズム」と「国家テロリズム」とが対決する時勢となりました。国連のアナン事務総長（当時）は，米国の行動を，国連や国際法への挑戦である，として真正面から非難しましたが，超大国がルールを無視して武力の行使をした場合に，国際社会は，実際にはあまり有効な手立てを講じることができませんでした。

　「9.11事件」の首謀者とされたオサマ・ビンラディンは，その後，米軍に殺害されましたが，「イラク戦争」の大儀とされた大量破壊兵器は，イラク領内には発見されませんでした。その後，現在でも，アフガニスタンやイラクでは，不安定な社会状況が続いています。

　この単元は，前の単元で，国際社会での「法」と「力」との対立軸について

学んだことの延長上にあります。今回のワークでは，超大国が「力」のエージェントとなっていきます。次の教材群を通じて，1990年代以降の世界秩序を，国際法や国際機関と，超大国との関係のあり方を展望しながら，考えていきます。

　シミュレーション・ゲーム「超大国と世界の国々」は，超大国のユニラテラリズム（単独行動主義）が行き過ぎた場合に，周囲の国々との間にどういう軋轢が起こるか，また，より非暴力的な世界を創り出す際の代案はどのようなものになりうるか，について考える，シミュレーション・ゲームの教材（野島2006a）です。

　紛争を演じる段では，2名1組のチームを7〜8組作り（うち1つは超大国のチーム），お菓子の取り合いをしながら，「大富豪」に似せたトランプのカードゲームを，シミュレーション・ゲームとして実施します。ゲーム開始前に各チームにお菓子が配られますが，その半分は超大国との貿易に依存しているものとします。

　「大富豪」は中高生たちの間でよく知られたゲームですが，最初は，各チーム（普通の国々）が最強の札を超大国役に拠出し，超大国役の不要の札と交換する，という点以外には，特殊な決め事は設けない，単純なルールで始めます。

　ゲームのセッションで勝敗が決まるごとに，ルール（国際法）の改正についての「国際会議」が持たれますが，超大国役は自国にとって不利な提案と見るや，その提案国からお菓子を取り上げる，子分の国を増やそうと個別交渉に持ち込んで分断を図る，などして，その提案を潰そうとします。普通の国々側は，不公平なルールを是正しようと，別の会議を開くなどして，共同して超大国側に様々な提案を突き付けていきます。これを数セッション，繰り返します。ゲームの終了後には，シートの記述を用いながら，丁寧に振り返りを行います。

　次に，資料を用いて，シミュレーション・ゲームを演じる過程で生じたできごとと，歴史的な事象との比較・照合を行い，アメリカ合衆国政府が「単独行動主義（ユニラテラリズム）」を採る，国内での構造的な背景について学びま

す。さらに，国際社会は，超大国と折衝しながら，どのようにして「法の支配」を推進すればよいのか，グループでアイディアを練っていきます。

　当時，ちょうど適切な文献が見つからなかったため，次の読み物を独自に制作することとなりました。

◇「アメリカはなぜ戦争をするのか？」……米国の，他の追随を赦さないほど圧倒的な軍事力・経済力などに関する情報（各種のデータは2003年当時のもの）を紹介し，さらには国際立法や国際司法の枠組みに協力・貢献しようとしない，ユニラテラリズムの問題性を挙げています。平和新聞社編集部の2人によるコミカルなやり取りを読み合いながら，米国による直接的暴力の背景にある構造的暴力・文化的暴力や，それらの世界への影響の深刻さについて，理解が深まることを目指して作成されています。

◇「アメリカ・その強さの秘密」……マスメディアや宗教，教育も含め，海外での武力行使を常態化させている米国国内のメカニズムを，模式図として表現しながら，その各部分についてのリサーチを促しています。やり取りを読み合いながら，「軍産官学複合体」が大統領や国民の制御を離れて動いていることの問題性や，このような「戦争システム」（Reardon 1996）を平和的にトランスフォームしていく必要性について，気付きが起こることを期待して作成されています。帰国生徒など米国の学校に滞在の経験のある生徒がいれば，さらに情報を補強してもらうようにします。

◇「突撃インタビューのコーナー」……現在や過去の歴史上の人物のうち，アメリカ社会の持つ暴力的な側面に深く関わってきた人々の，実際の発言からの引用をヒントに，米国のユニラテラリズムを国内外から統御しうる可能性について考える際の，手がかりを与える教材です。シミュレーション・ゲームで演じた役割と，近似する立場が見つかるかもしれません。平和新聞編集部のやり取りや，登場人物のセリフを読み合いながら，時間に余裕があれば手分けをして調査課題にもチャレンジしていきます。

【留意点】

①シミュレーション・ゲーム「超大国と世界の国々」は，生徒たちの間に一時的にせよ意図的に模擬的な対立関係を作り出すもので，協調・協力・対抗・抵抗・合意・制裁・調和など，ゲームの過程で様々な関係が産み出されていきます。このような教材を用いる際には，とりわけ，生徒たちの間の親和的

な関係が，既にある程度醸成されていることが前提となります。中等教育の
後期の発達段階を考慮して作られてはいますが，念のために，個々の生徒は
本来の人格とは異なる役割を演じていることへの理解が，互いに共有されて
いることが要されます。

②同じく，人物と事柄の区別の原則に基づいて，個々のアメリカ国民やアメリ
カ社会の生活・文化に対する非難が目的の授業ではないことを，念のために
明示することとし，また，一般のアメリカ国民の声をも教材の登場人物の中
に入れるようにしました。外国籍生徒や帰国生徒でアメリカでの長期滞在経
験者への心理的な配慮についても，教室では一層の慎重を期することとしまし
た。

③この単元での重要な学習のポイントを整理します。

○シミュレーション・ゲーム「超大国と世界の国々」を演じ，力による支配と「法の
支配」の形成努力との対立を疑似体験し，連帯・共同して上手にルール創りのため
の交渉を行うことができるか，チャレンジをする。
○テキストを用いて，米国政府の恒常的な軍拡や武力の行使を引き起こす「軍産官学
複合体」の構造や，「深層文化」，歴史上の「未解決の紛争」について知る。

さらに，ゲームへの振り返りを通じて，学習の進展に応じつつ，可能であれ
ば次のような事項への学びの道筋ともしていきます。

○「テロリズム」対「国家テロリズム」の紛争の背景として，世界大の格差という構
造的暴力があり，その解決に着目していくことに気付く。
○世界大の「法の支配」の実現のために必要なヒントとして，シミュレーション・
ゲームでの体験や，新しい国際関係学の学説（規範を重視した地球市民の連帯を重
視する，コンストラクティヴィズムやコスモポリタニズム，地球（国際）立憲主
義）を学ぶきっかけとしていく。
○世界秩序のトランスフォームという方法の他に，ポスト冷戦期に盛んになった「和
解」の潮流を活かしていく方法についても学んでいく。

【教室での経験から】

①シミュレーション・ゲームでは，超大国役の圧勝パターン以外にも，様々な展開が見られました。ある年度では，中小国家のいくつかが連盟を構築して，超大国に対抗しようとする抵抗の成否が，「国際会議」での折衝の軸となりました。他には，超大国役の分断工作が成功して中小国らの団結が成立しなかったケース，超大国役から段階的に譲歩を獲得して円満な国際社会を創出したケース，超大国が他の国々の要望によるルール改変にやむなく応じ続けてついには敗北を喫したケース，カードの配布の際にトリックを仕込んで（反則）抵抗側が勝利をもぎ取ったケース，などの事例がありました。

②ある年度での「振り返りシート」への書き込みの中から，注目すべきものをいくつか記してみます。

---

①ゲームはどのように進みましたか？
　　○超大国が好き勝手にルールを作ったり，他国の案を拒否したり，世界の国々の主権が守られていないゲームであった。
　　○超大国のペースで，他の国には自由に発言する権利もなく，完全に超大国のやりたい放題，という感じだった。また，超大国がひいきした国（強いカードを渡した国）が案の定勝利していた。

②ゲーム中に何を感じましたか？
　　○ゲーム中に感じたのは，ゲームがとても不公平に進んだということ。それ以外にもちょっとした発言によってお菓子を取られる可能性があったりして気づかいながらゲームに参加していた感じだった。
　　○超大国に依存するしかなく，超大国に私たちが支配されている感じがした。

③超大国と他の国々との間に，どんなルールが必要だと思いましたか？
　　○総会の必要性を感じた。
　　○意見を対当の立場で話せる場が必要と感じた。
　　○超大国と他の国々が対立しない関係を作り出す→お互い支援，資原の分け合い
　　　→分かり合い・話し合い
　　○普通にみんなで vote して決めれるようにしてほしかった。

〇超大国がすべてのけ<ruby>ん<rt>マ</rt></ruby>げ<ruby>ん<rt>マ</rt></ruby>があるので，敵対視してしまったらだめ。こびを売るわけではないが，ちゃんとした交流が必要。

④そのルールを成立させるために，どのような工夫が必要ですか？
　〇超大国以外の国々が同盟を結び，同盟国同士が話し合い，そして超大国の納得する形で提案してみる。
　〇資源を1つの国がひとりじめしないように中立機関を作る（資源管理センターみたいな感じ）。
　〇根本的に成立させるにはまず教育や社会のシステムを変えないといけないと思う。

⑤現実の国際政治との共通点と相違点は何だと思いますか？
　〈共通点〉
　〇実質的に超大国（拒否権を持っている）が世界を動かしていてその他の国はそれに従っているところ
　〇資源を先進国がひとりじめしていて貧困地域が多い
　〇超大国が権力を持ち，元々資<ruby>原<rt>マ</rt></ruby>が少ない国はいつまで経っても超大国にあやかることは出来ずいうことを聞くしかない。

　〈相違点〉
　〇アメリカが超大国の役割をしているがあのゲームほど好き勝手できる世界ではないと思った。UNの総会や拒否権が一国だけではないのであのゲームのようなことは今は起こらないと思う。
　〇もっと複雑な問題がからんでいる（歴史とか）。
　〇たとえ資源を国が獲得しても本当に国民に行きわたっていないのでは？

③初期の実践では，超大国が横暴に走った場合にどういう代案がありうるか，という重要な問いに対して，生徒たちからの自発的な創案の形成を待ち続けましたが，ついに有力な自発的な代案が出されませんでした。生徒の主体性を尊重する意図から，グループによる案出の話し合いの場面で，教員はなるべく口を挟まないようにしてきましたが，以降の年度では，ゼロからの発案を求めるのではなく，次のようないくつかの資料からヒントを得ながら案出を進めていけるように，準備をしておくこととしました。

◇米国と上手に付き合った実績のある国々の外交上の特徴として，真っ向から対立せず米国大統領と個人的な関係を作る，１対１のシチュエーションを避けて多数国間で協議する，論破を目指さずルールベースで対話をする，などの手法を，事例を基に紹介している文献（櫻田 2009）。

◇アメリカ合衆国の内部からの変革の動きとして，「突撃インタビューのコーナー」にも挙げたクラーク元・司法長官が，「戦争システム」を批判し，独自の世界秩序案（世界政府に近い）をも公表しており（クラーク 1994），その主張をまとめたプリント。

◇米国政府中枢とイスラム過激派との間の「和解」の可能性を扱った，平和学のテキスト（『平和を創る発想術』）の章。

【補　足】

① 本演習課題は特に，個人及び授業研究会のメンバーによる参与観察や，他の学校での再現可能性授業などを通しての検討を頂きながら，時間をかけて構成しました。読み物で，図や写真を多数配置し，コミカルな調子のかけ合いでまとめてあることや，講読型・獲得型・参加型の３種類の学びの複合形としているのは，教材開発のプロセスでの意見交換を踏まえた，工夫の一環です。

② ゲームでは，超大国役２名（タカ派・ハト派）の役割がとても重要になるため，超大国プレイヤーの行動の目安（なるべく個別の交渉に持ち込む，など）となるマニュアルを用意しておきます。

③ 本体教材を強化するために，次のような資料を用いることも有用でした。

◇アメリカ社会の深部に根ざしている暴力観・平和観を，それらを象徴するような数枚の写真（学校玄関の金属探知機，プランテーション跡保存区域にある奴隷小屋，軍による街頭広告，クエーカー＝フレンズ＝の教会に掲げられた反戦広告，ほか現地取材に基づく）による，フォト・ランゲージ教材。

◇「戦争参加指数（War Participation Index, WPI）」……歴史上，最も頻繁に戦争を行った国家のランキング表（アメリカ合衆国がずば抜けて第１位）。

◇ワシントン DC のスミソニアン博物館にある「アメリカと戦争」の展示資料の写真（ヒロシマへの原爆投下など二次大戦の展示の面積は，アメリカ合衆国政府が行ってきた多々ある戦争の展示のうちの，ごく一部に過ぎない）。

④シミュレーション・ゲームの教材として，数回の試行錯誤や検討の結果，あまり手の込んだ設定を要さず，学習する事象の本質がシンプルに投影されていて，かつプレイヤーの創意工夫も活かすことのできるような教材が，優れた教材となる，という認識を，改めて深めさせられることとなりました。この教訓は，他のシミュレーション・ゲームの教材作成時にも，活かすように努めました。

⑤日本国内の平和教育は，ベトナム戦争など世界各地で戦争が起きるたびに，反戦の拠り所となる何らかの基軸を打ち立ててきましたが，安保理の決議に添って「合法的に」行われた軍事制裁である「湾岸戦争」への，理論的な対抗軸を教室で設定することについて，日本国憲法の平和主義との位相のズレなどから，相当な苦悩が経験されました（佐貫 1991など）。21世紀初頭の「対テロ戦争」に対しても同様に，代案の構築が極めて困難だった様子が，文献から窺えます。

⑥国際関係学では，NGOなど地球市民レベルの活動に根ざしつつ，大国の持つ核兵器や様々な兵器を違法化する条約を作成していこうとする動きは，倫理や規範を重んじる「コンストラクティヴィズム」の潮流へと連なる事象です。

⑦「和解」は重要な学習項目であるため，テキスト『平和を創る発想術』の和解の章などを用いながら，後続科目「平和学特講」で，さらに重点的に学ぶこととしました。

並行単元　重要条約の調査＆質疑応答

〈課題〉重要条約の調査＆質疑応答
〈対象の条約〉
1．世界人権宣言
2．国際人権規約（A規約，B規約，＋）
3．ジェノサイド条約
4．女子差別撤廃条約

5. 児童（子ども）の権利条約
6. 難民条約
7. 1949年のジュネーブ諸条約（第四・文民保護条約を中心に）
8. 1949年のジュネーブ諸条約への２つの追加議定書（＋）
9. 対人地雷禁止条約
10. クラスター弾に関する条約
(11. 核兵器不拡散条約）……生徒の人数により追加
(12. 国際刑事裁判所規程）……生徒の人数により追加

〈課題〉
(1)それぞれが担当の，重要な国際条約について，下の項目に沿って（１．から10.
  の番号を示して既述しましょう），
  A4×一〜三枚程度の分量にまとめて調査を行い，ML にレポートとして投稿し
  てください。① WORD またはテキストファイル② pdf ファイル　の２通りの保
  存形式で，電子メールに添付し，ML の全員に対して投稿しましょう。

0. 学年・組・番号・氏名
1. 条約（規程，議定書，etc.）名
2. その条約が締結されたときの，時代背景（国際関係，事件，国際問題など）
3. その条約の実現のために努力した人々や国家，団体，機関など
4. その条約が締結された目的
5. その条約の趣旨，内容，特徴などの概要
6. 当事国数，主な当事国名と主な非当事国名
7. その条約の全ての条文の中で，最も象徴的な条文を選んで，その理由を書く
8. その条約が世界にもたらしたインパクト，効果，意義，問題点，課題など
9. 引用した参考文献（著者名，文献名，出版元または URL，発行年月日または
   記事の作成・更新・訪問年月日）
10. 自分のコメント
    ①感想
    ②その条約の持つ要素から，21世紀の新しい平和的な世界の秩序を考える上で
     応用できる部分を提案する

(2)(1)の投稿をよく読んで，すべてのレポートに対し，１人１つ以上の質問を，「全
   員に返信」モードにて送信しましょう。

(3)(2)の質問に対し，質問を受けた人は，「全員に返信」モードにて，再調査の上で
　回答を書いて送信しましょう。

　展開部では，教室での授業と並行して，現代の重要な国際条約（国際人権
法・国際人道法を中心に）についてのレポートを作成し，オンラインでの質疑応
答を互いに行う学習を実施します。今日の国際社会の実態とルールの理解につ
いては，望ましい世界秩序を構想するための必須の学習になります。
　授業ではあらかじめ，『国際条約集』を見ながら，条約文の基本的な構成パ
ターン（通常，前文，原則，詳細，手続き，正文規定などの順で構成される）や，条
約に関連する資料の読み方（採択，批准，当事国数，などの情報の意味），「条約の
当事国表」の見方，などについて，いくつかの事例を用いながら説明を施して
おきます。『国際条約集』（有斐閣）巻末の「条約の当事国表」は，国際人権
法・国際人道法に，主に大国らが加入していない傾向にあることが判る，非常
に重要な資料です。
　この学習は，次のようなねらいを持っています。

(i) 平和教育が基づくべき重要な価値を示しているとされる，国際人権法・国
　際人道法に表された諸価値を確認します（リアドン＆カベスード 2005）。国際
　人権法・国際人道法は，国際法の諸条約の中でも，国家・政府が自国や他
　国の個人に連なる基本的な価値を保障する，という形式を持っている点
　で，特徴的です。
(ii) 人類社会の普遍的な価値について，どのように合意がなされてきている
　か，その歴史と現状などを調べ，その結果を共有します。個々の条約がそ
　れぞれの時代にあった様々な限界をどう乗り越えて，重要な法的価値の保
　護を達成しようとしたか，という「紛争解決」の視点を，ここでも応用し
　ます。
(iii) まとめ部の，世界秩序の構想の段階で重要な，「世界法」的な要素（世界法
　学会ホームページ，http://www.jawl.jp/ を参照）や，「地球（国際）立憲主義」に

連なる要素を内包している法体系について，予習をします。

(iv) 国際社会での「法の支配」の強化を巡って，大国群と中小国群の加入の意欲の違いがよく顕れている実態から，人類社会の組織化の過程での，現状の到達点と課題を理解します。

(v) メーリング・リストを通して，ネット上での質疑応答や互いのやり取りの中で，次第に理解を深めていくためのスキルや，合理的な手順を習得します。

【留 意 点】

①課題を電子メールでの提出とし，メーリング・リストでの質疑応答としたのは，個々の生徒が時間的な余裕をもって互いの作品を読み込み，質問や応接ができるため，この学習に最適な学習ツールと考えたためです。クラスルーム系のソフトの活用は設定が煩雑すぎて，操作が面倒，との生徒たちの声もありました。ただし，一般に授業の IT 化や IT の活用の深まりにつれて，授業時間以外の学習時間が増えて負担が重くなる傾向があるので，他の教科での課題とのバランスの考慮など，負担の増えすぎないようにする配慮が必要です。実際には，他の授業科目で大きな課題の課されている状況を生徒たちから聞きながら，余裕のある提出・応答の期限を設けるよう心掛けました。

②課題が提出されてから，質疑応答が終了するまでの間，自発的・協働的な学びができるよう，教員は原則として参論せず，すべてのやり取りをメーリング・リスト上で見守るだけとします。例えば条約と宣言の法的な効力の違いなどの重要な学習事項についても，できるだけ生徒たちの相互のやり取りの中での気づきに期待することにしました。

【教室での経験から】

①ある年度の，レポートに関する電子メールでの質疑応答の事例を示します。

Q：女子差別撤廃条約に，なぜアメリカは加盟していないの？アメリカでは特に女
　　性の権利を求める運動などが行われていたのに，反対する理由があるの？
A：「女子差別撤廃条約にアメリカが批准しない理由」
　　アメリカはこの条約に署名しているのみで批准していません。アメリカには伝統
的に国際条約に署名のみで批准はしないという傾向があるようで，このような例は
女子差別撤廃条約のみではないようです。批准されなかった理由としては，当時の
大統領は民主党のカーター大統領でしたが，上院議員は共和党が優勢であり，共和
党の反対が強かったため流れたと言われています。なぜ上院議員がそこまで反対し
たのかという明確な理由は見つからなかったのですが，おそらく当時フェミニズム
とアンチフェミニズムによる論争が激しく，またアンチフェミニズム支持の世論で
あったことが大きいと思います。そのまま流れたまま現在に至るまでこの条約はア
メリカで批准されていないのですが，アメリカでは中絶が違法であるという判決が
最高裁で下されたことをきっかけに女性の権利への注目が非常に高まり，現在この
条約に対する批准への動きは国内で非常に大きくなってきているようです。

- -

Q：〈地雷禁止条約やクラスター爆弾禁止条約に〉アメリカ，中国，ロシアなど大
　　国が批准していないが，批准してもらうためにどのような働きかけが必要か，
　　また，なぜ批准しないのか。
A：アメリカ等の大国に加盟してもらうためには，単純に，地雷を禁止しようとい
　　うキャンペーンをし続ける他に方法はないかもしれない。無理やり加盟しても
　　らうわけにもいかないし，大国が考えを変えてくれるまでキャンペーンを繰り
　　返すしかない。

　　　　　　　　　　　　　　　　　　　　　　　　　（〈　〉内は筆者が補充）

　このように，質疑応答を重ねながら，「世界法」の要素を持つ諸条約と大国
との間の緊張関係（「法」と「力」）という，より本質的な次元の問答に，生徒
たちが自力で到達しています。
②「なぜ大国が，人権法や人道法の条約に，あまり入っていないんでしょう
　か？」（重要条約レポートの振り返りの授業での，生徒の発言より）……この質問
　はまさに，条約レポートの学習から自発的に出された質問であり，現在の国
　際社会の矛盾の勘所をついています。
③また，質疑応答の中で，上のように「条約を破った場合はどうなるのです

表　国際司法裁判所規程

第38条
1．裁判所は，付託される紛争を国際法に従って裁判することを任務とし，次のものを適用する。
a. 一般又は特別の国際条約で係争国が明らかに認めた規則を確立しているもの
b. 法として認められた一般慣行の証拠としての国際慣習
c. 文明国が認めた法の一般原則
d. 法則決定の補助手段としての裁判上の判決及び諸国の最も優秀な国際法学者の学説。但し，第59条の規定に従うことを条件とする。
2．この規定は，当事者の合意があるときは，裁判所が衡平及び善に基いて裁判をする権限を害するものではない。

第59条
裁判所の裁判は，当事者間において且つその特定の事件に関してのみ拘束力を有する。

か」という問いから次第に発展して，授業時間での振り返りでは，「条約の定義ってあるんですか」「脱退や改正っていつでもできるんですか」「無理やりに条約を結ばせた場合にどうなるんですか」……のように，次々と根本的な質問が，頻繁に発せられてくるようになりました。これらの質問は，やや専門的な段階に達しており，たとえば「ウィーン条約法条約」での取極め（第26条「合意は守られなければならない」他）や，「国際司法裁判所規程」の国際裁判の基準（下記）などを参照しながら，答えねばならないこととなりました。

④この調べ学習→質疑応答の手順が，根元からスタックすることも懸念し，授業で実際にいくつかの条約文を読み込んでみて，背景としての国際情勢や実際のケース，その条約が関わった典型的な事例，などを示す準備もしていましたが，幸い，実際にそこまでの補助を必要とした年度はありませんでした。

⑤メーリング・リストには，この科目の選択生徒が全員加入しているので，条約の調査レポートでの活用以外にも，授業の進行に合わせながら，時事問題に関する報道記事，応用的な学習向けとして専門家による解説・論文，学習した事項のより詳細な情報の紹介，などの情報を，参考として教員から随時に配信しました。たとえば2012年度には，「ハーグ・アジェンダ」，チュニジ

ア・リビア大陸棚事件の国際司法裁判所の判例，ハンガリーでの有毒廃棄物の流出事故（ドナウ川汚染の可能性）など，このコースの行われた学期の間に計66通を配信し，学習の補強・参考としました。

【補　足】

①『国際条約集』から，それぞれ担当の条約の本文をまず読み込むことが調査の出発点になりますが，調査の過程ではもちろん，さらに様々な文献や資料にあたらなければなりません。教員は必要に応じて，参考文献・資料の紹介ができるよう準備をしておきます。

②質疑応答の中では，条約は締約国以外には効力を及ぼさない，署名の後に国内での批准の手続きを要する，……などの，条約運用上の基本的なメカニズムへの理解や，違反に対して必ずしもいつも制裁がなされるわけではないのはなぜか，世界の多くの国々が参加していても主要な大国が不加入なのはなぜか，などの論点の推移にも，特に注目を要します。国際社会の「法の支配」の強化の視点から，それぞれの条約の達成点や問題点を検討することを通じて，背景にある世界秩序の現状を理解することに，学習の重点を置きます。これらの点は，個々の条文の詳細な学習よりも，たいへん重要です。これらの論点についてメーリング・リスト上で論議が深まってきたら，教室でも取り上げて確認するようにしていきます。

③個々の条約の保護しようとする法的な価値を，中央政府の存在しない国際社会が持つ困難性や限界の中で，どうやって守ろうとしているのか。このような現状の国際社会の構造的な課題を，背景にある国際関係史の変遷の上で考え，さらに改善していくためにはどのようにすればよいか考えていく，……というコース全体の学習テーマへの道筋が強化されていくことが期待されます。

特設単元　各年度の特別なアクティヴィティ（校外学習など）

教室での学習の他に，ゲスト講師の来演や，学会，講演会，各種のイベントなどに参加したりして，学習を多角化・深化させる機会を持ちました。例えば

各年度には，これまでに次のような学習の機会がありました。

〈校外学習の事例〉
　　〇被爆地・ヒロシマへの訪問と，語り部による被爆体験講話の聴き取り
　　〇「ワン・ワールド祭」に参加（見学，発表）
　　〇平和学の講演会やワークショップに参加
　　〇立命館大学国際平和ミュージアム，「ピースおおさか」など平和博物館の展示
　　　（常設展・特別展）の見学
　　〇軍縮を扱う大学の平和学の授業（ファシリテーションがよく工夫されている）に
　　　参加　　他

〈専門家の来演〉
　　〇東ティモールの平和構築の実践者
　　〇人道的干渉を専門とする国際法学の専門家
　　〇多当事者間の複雑な紛争解決のファシリテーションの専門家
　　〇高校生の平和活動で知られる，長崎のK高校の先生方
　　〇朝鮮民主主義人民共和国の大学生との交流活動を実践した国際理解教育の専門家
　　〇中華人民共和国政府の人権政策を担当する専門家　　他

《展開部の全体をふり返って》
　展開部の授業実践で気付かされたことには，次のようなものがありました。

〇事後のアンケート調査では，このコースのまとめ課題「世界リフォーム計画」の作成
　のために役立った学習として，国際関係史の大きな紛争を解決するシミュレーショ
　ン・ゲームや，KJ法を用いた創造的な発想法を挙げる回答が最も多くありました。
　これは，テキストや教員の説明，小・中時代の平和学習を挙げる回答の値を，いずれ
　も上回っていました。
〇シミュレーション・ゲームの実践では，いったん活動が始まれば原則として生徒の主
　体性に基づく動きにできるだけ任せきること，シミュレーションの実態と結果に沿っ
　た振り返りの持ち方を毎回その都度に工夫すること，が大切であると思われました。
〇国際関係学の分野の高等教育（大学）でのシミュレーション・ゲームの教材には，軍
　事的な勝利を目指すもの，現実の国際社会の結果に近づけることに意義を置くもの，
　など様々なものがありますが，本カリキュラム開発でのシミュレーション・ゲーム

は，平和価値を念頭におきつつ，国際社会の紛争や矛盾を解決していく目的のものとして作成を試みました。実践を通じて，このような方針に基づくさらなる教材開発が，これからも重要であると思われました。

○条約の調査レポートは，当初の年度では，国際法の一般的な特徴を学ぶ目的で，各分野を象徴する諸条約を対象にしていましたが，後年度に国際人権法・国際人道法に対象を集中させることにより，本体授業の進展と共振する度合いが高まり，カリキュラムの全体が引き締まりました。個々の条約の個別の内容の学びも重要ですが，世界秩序を考える上で，普遍的な価値の保護を求める諸条約への署名・批准の態様の面で，大国と中小国群の姿勢に大きな異なりが浮かび上がることに，意義があったように思われました。

3　まとめ部

〈41〜50　現代国際法・国際連合の基本の整理・確認〉

41　　　国際法の基礎

42　　　国連の安全保障理事会とその限界

43　　　「核抑止論」とその問題性

44〜45　核廃絶のための地球市民の動き（「地球立憲主義」）

46　　　大量破壊兵器・通常兵器の軍縮

47　　　国際関係学の学説の主な潮流

48　　　国際連合とその改革

49〜50　世界政府の案と構想

〈51〜60　「世界リフォーム計画」〉

51〜52　人類社会の組織化過程

53〜54　様々な世界秩序の構想の比較検討

55〜59　「世界リフォーム計画」

60　　　プレゼンテーション

　＊まとめ部では，まず，国際関係学の主要潮流の流れを参照しながら国際関係史の推

移を整理し，大きな紛争とその解決法として，これまでの世界秩序が形成されてき
たことをまとめます。また，人類史の中での現代の国際法・国際社会の構造と国際
連合について整理し，人類社会の組織化の上での到達点と課題を確認します。理論
上の世界秩序の構想についても学びます。

＊現代の国際法・国際社会の構造（グローバル・ガヴァナンスの現状）の把握につい
ては，時事問題や過去の国際司法裁判所（International Court of Justice, ICJ）の諸
判例の学習，国際人権法・国際人道法の調査レポートと質疑応答，などこれまでの
学習を集積・総合化しつつ，国連憲章の条文を直接に照合しながら行います。

＊抽象的な事物の構造を扱う概念思考への対応力の養成については，ブルーナーの教
育理論を参考に（ブルーナー 1963：14-57），発達段階に応じた工夫を施していく
必要があります。展開部では主にシミュレーション・ゲームを用いてきましたが，
まとめ部では，イラストレーションの作成や概念図の活用を行います。

＊この科目での学習の総まとめとして，歴史上・理論上の世界秩序の比較検討を踏ま
え，これまでに習得してきた紛争解決と集団創造思考のスキルを用いて，望ましい
世界秩序を構想する「世界リフォーム計画」に個人・グループでチャレンジしま
す。

＊「世界リフォーム計画」は，導入部の「2050年の地球社会の予測と地球的諸問題へ
の対策」のワークとは異なり，空想や願望ではなく，現行の世界秩序の構造の問題
点を正確に把握した上で，過去に試みられた世界秩序モデルや国際政治学の学説に
よる世界秩序モデルなどを比較・検討し，国際関係史の変遷の上で捉えながらの，
根拠のある提案となることが期待されます。

＊「世界リフォーム計画」では，ヴィゴツキーの教育理論（ヴィゴツキー 2003）や
協働学習の理論（秋田 2010：藤江 2010）に基づきつつ，作成の過程で生徒たちが
相互に啓発され，発想力を互いに刺激していけるような機会を豊富に設けます（集
団創造思考，KJ 法，ワールド・カフェ方式など）。

＊学習の成果である，あらゆる暴力を極小化し，できる限りの積極的平和の達成が期
待され，現状の国際社会から到達可能な，平和的な世界のシステムのグループでの
創案については，校内外の人々や専門家を対象にプレゼンテーションを行います。

＊プレゼンテーションでは，リスナーを対象にアンケートを実施し，作品への評価や
発表された案によるインパクトの調査を行います。また，生徒相互，教員，専門家
による，作品とプレゼンテーションの諸評価を総合し，カリキュラム全体の評価と
していきます（科目の「評定」は，「世界リフォーム計画」の作品の他，「調査レ
ポート」と質疑応答での取り組み，授業への参加貢献度，提出物アーカイヴ，クイ
ズ，任意提出の「自由レポート」などを総合して行います）。

〈41〜50　現代国際法・国際連合の基本の整理・確認〉

41　国際法の基礎

《教材事例》Ⅱ−3−41：国際法の基礎
　国際法とは，国内法との根本的な違い，問題点，国際連合憲章の定める戦争と平和，など

【留　意　点】

①「国際社会リテラシー」の根幹として，現行の国際法の実態に基づきながら，国際社会の秩序が，主要民主主義国の国内社会の秩序とは全く基礎が異なる（全体を統括する中央政府が無く，主権国家どうしの相対的な関係が基本となっている）ことに，とりわけ学習上の留意が置かれなくてはなりません。

【教室での経験から】

①国際法の学習では，なぜ条約違反が必ずしも処罰されないのか，国連総会の決議に「法的拘束力」がないとはどういう意味か，国際司法裁判所規程の選択条項（強制的管轄権の受諾）になぜ同意しない国があるのか，法的な「拘束力」がある国際的な決め事でも実際には違反者が処罰されない場合があるのはなぜか（「法的拘束力」と「実効性」の違い），……などの質問が，毎回必ず出されます。

　規範はあっても，それを強力に司る世界裁判所や世界警察などの機関が国際社会では（それらに近いものはあっても）未形成であること，国内社会であっても「破綻国家」では刑法犯が確実に処罰されない場合があること，などを挙げながら，繰り返し学んでいく必要があります。

②これらの根本的な質問に，教員が反復的に，丁寧に応接していくことが，「国際社会リテラシー」を育む過程で，たいへん重要になります。ログ・ノートの感想欄からは，「国際社会リテラシー」は，中長期を要しながら次

第に獲得されていく様子が，毎年読み取れます。

【補 足】

①単元41〜48の学習は，必ずしもこの順序にこだわらず，その年度の学習の経緯に従って，最も適切な順序で実施するのがよいと思われます。以下は，実際の授業実践を通じて，もっとも典型的となった配列に基づいて記していきます。

②単元41〜50の学習には，高等学校での学習の範囲を超えているものも一部に含まれていますので，教室の状況に応じて，内容を取捨選択しながら実施することとします。

③国連憲章の主要な条文（§1目的，§2原則，§12総会と安保理との関係，§18表決手続，§23安保理の構成，§25決定の拘束力，§33平和的解決の義務，§40-42安保理の措置，§51自衛権，§71経社理と民間団体，§94判決の履行，§96勧告的意見，§99事務総長の平和維持に関する任務，§108改正）に加えて，「調査レポート」で扱ってきた諸条約を振り返りながら，また国際関係史の学習を振り返りながら，現代国際法の特徴について整理していきます。コースを通じて扱った時事問題や判例についても，改めて必要に応じて主要なものを参照し，現代国際法の観点からまとめ直していきます。

42 国連の安全保障理事会とその限界

《教材事例》 II - 3 - 42：安保理・集団安全保障ゲーム
  ルールと進め方

安全保障理事会の基本的な意思決定の仕組み（15ヶ国のうち9ヶ国以上の賛成，且つ賛成国の中に5つの常任理事国がすべて含まれていることで決定が行われる）について，理解を深めるための，ミニ・シミュレーション・ゲームです。

【留意点】

①新聞紙でとはいえ，物理的に叩き合いを行うことや，話し合いのプロセスでの理不尽な結果も起こりうるので，生徒たちの間の親和的な関係を特に要する教材です。レギュラーの教材とはせず，生徒たちの様子を慎重に見た上で実施することとします。

【教室での経験から】

①毎回，かなり白熱するスリル満点のゲームとなります。ゲーム本体に夢中になり過ぎる傾向が見られたため，国際関係の学びと繋げていくための振り返りに苦心する年度がありました。

【補　足】

①キャンプやレクリエーション活動の中で知られる，「探偵」ゲームを基にして考案しています。

43 「核抑止論」とその問題性

《教材事例》Ⅱ - 3 - 43：核兵器の危険性

核兵器の危険性，核抑止論の問題性についてまとめた資料，スキット

A国リーダー　　　　　　　　　　　　　　　　　　　　　　　　　B国リーダー

住　　民　　　　　　都　市　　　　　　都　市　　　　　　住　　民

他国に住む地球市民たち

　核兵器の軍縮の必要性と，「核抑止論」の問題点を取り上げます。核兵器の持つ本質的な非人道性についての学びはもちろん重要ですが，「核抑止」は仮に成り立つとしても，相当に不安定で微妙な諸条件のもとでなければならないことを学んでいきます。「偶発核戦争」，「核の冬」，福祉予算への圧迫，「オーバーキル」などの諸問題を，プリントを用いて総覧していきます。可能であれば，「核抑止論」に基づく簡単なスキットを演じながら，学びを深めます。

【留意点】

①冷戦期に比べて，公民科の教科書や資料集には核抑止論の記述はあっても，
　その問題性の側面を扱う記述（「二匹のサソリ」のたとえなど）が減っているた

め，教員による教材の補充がとりわけ必要な単元です。

②歴史科での学習についても，時代順に編成された教材に基づく授業進度・時数的な限界のため，しばしば科目終了間際の19世紀〜20世紀前半的な国際社会観が，国際社会の常態として中・高生たちに印象付けられているような懸念が持たれます。そのような国際社会観に基づけば，究極的には国家を固く保って強力な武装を施す，という硬直した思考から逃れることが困難であるのは，むしろ自然な成り行きと思われます。グローバル・ヒストリー研究の視点や，「軍縮教育」が「武装民族国家が対峙しあう」国際社会を相対化して観る必要を提言していることが，再想起させられます。軍縮の問題は，突き詰めれば，やはり世界秩序の問題になることに，改めて認識をさせられます。

【教室での経験から】

①この科目の歴代の生徒たちが取り組んだ課題の中で，最も困難の大きかった課題の１つが，「核抑止論」の問題性を自力で発見することでした。前半の年度では，教員からは積極的な働きかけをせずに，生徒たちからの発見を基本的にひたすら待つこととしました。しかし，核廃絶に賛成の立場の生徒たちは，核兵器の持つ残虐性や非人道性，以外の主張をなかなか創り出すことができずにいました。そのため，後続の年度では，「核抑止論」の問題性について，学説からまとめたプリントの資料を使って，授業を進めてみることとしました。

　　すると，「核抑止論」を，それまで必要悪として肯定していた生徒も，核兵器が使われた場合の残虐性のみの理由から否定していた生徒も，これまでに核抑止への批判論を目にしたことがなかった，と言って驚いたケースが多々ありました。倫理的な面からのみならず，合理性の面からの学習として，専門家の学説を元にした学びも伴わせていく必要性を思いました。

②教室でのこのような経緯や，現在の国際情勢を見て，核兵器や「核抑止論」の問題性に関する学習は，さらに早い年次から学ばれる必要があると思われたので，中３年次から扱うこととしました。

【補 足】

①核兵器の開発や保持の論拠となっている「核抑止論」については，第35回国連総会（1980年）での国連事務総長の報告書「核兵器に関する包括的な研究」では，"存在する最も危険でよく知られた作り話"とされていました（UNGA 1980）。プリントは，核抑止論への批判論を扱う諸文献（浦田 2011など）から整理して作成しています。スキットは，「相互確証破壊」の問題性を扱う文献（鴨 1993：94-101）に基づいて構成しています。

②核兵器の存在を支えている「深層構造」（「武装民族国家が対峙しあう」世界秩序）や，地球市民社会による根強い核廃絶への活動（次単元）についても，関連づけながら学習することが重要であると思われます。

③小・中での平和学習などを通じて，授業の前から既に核廃絶の立場を採っていた生徒に対しても，核兵器に反対の姿勢だけで十分とせず，核廃絶のための道程や，核兵器のない世界において国際社会の秩序を，どのように構想するか，という立案に，本単元を参考にして，トライしてもらいたいところです。

44〜45　核廃絶のための地球市民の動き（「地球立憲主義」）

《教材事例》Ⅱ-3-45：地球立憲主義の具体的アクション

(1) 地球市民社会　⇒　(2) 国家間システム　⇒　(3) 国連システム

　核兵器使用の違法性に関する ICJ の勧告的意見，対人地雷禁止条約，ハーグ・アピールなど，地球市民の動きが国際社会を動かしてきた実例とその問題点

　核廃絶のための様々な努力や，それとも複合して次第に形成されてきている地球市民の動き（「地球（国際）立憲主義」）について学びます。まず核兵器の使用に関する国際司法裁判所の勧告的意見の動画を用いてその実例を学び，次に学説をもとにして整理したプリントをもとに，それらの動きがどのように「武装民族国家が対峙しあう」国際社会のトランスフォームに繋ろうとしているか，まとめていきます。

　現代では，地球市民の連帯に基づく動きが，多数者である中小国群の代表ら
を介して，国際機構での提案や討議を通じて，国家間の条約を締結させ国際社
会を変革する，という動きが，次第に頻繁に見られるようになってきていま
す。核廃絶のための世界的な運動はその主要な 1 つで，こういった動きを重視
するコンストラクティヴィズムや，地球（国際）立憲主義の考え方が，国際関
係学の論壇での新たな潮流の 1 つとなっています。

　核兵器の規制については，導入部でも扱った核不拡散条約（NPT）の再検討
会議（通例は 5 年間隔で開催）や，核兵器使用の合法性に関する国際司法裁判所
の勧告的意見（1996年），などが重要な出来事です。地球市民による国際社会の
改革は，やがて，核兵器禁止条約の採択（2017）という大きな到達点を迎えま
す。これらの動きは，それ以前の国際政治の限界を打破する，1 つのチャレン
ジとして捉えることができます（黒澤 2014 : 95-148）。

　地球市民の動きの事例として，『「核兵器はこうして裁かれた──攻防・国際司
法裁判所」（NHK 1996年 8 月放映）の動画を視聴し，その動画の内容をスパイラ
ル・ノート形式で図式化することを試みます。さらに，核廃絶のための様々な
動きの効果や意義，限界などについて，意見交換を行います。

　動画は，国際司法裁判所における核兵器の使用に関する勧告的意見がもたら
されたプロセスを映しています。世界の反核運動家たちが連帯して，核兵器を
持たない中小の国々の政府に集中的にファクスを送って働きかけ，核大国によ
る反対を乗り越えて，核兵器使用が国際法上どう評価されるのか，という国際
司法裁判所の勧告的意見を求める国連総会での決議を引き出します。核大国が
牛耳っている国際政治の「バイパス」を経由し，地球市民・NGO →非核兵器
国→国連総会または世界保健機関（World Health Organization, WHO）の総会→
国際司法裁判所というルートで，地球（国際）立憲主義の理念が実行に移され
た事例といえます。

　次にプリントを用いて，「地球（国際）立憲主義」の観点から，地球市民の
連帯が直接に国際社会を変革する動きが成立してきたメカニズムについて整理
します。

　事 例 と し て，世 界 法 廷 運 動，ICBL（International Campaign to Ban Landmines），ハーグ・アピール，などについて扱い，その成果（対人地雷やクラスター爆弾の禁止条約の採択など）と，限界（条約に加入しない国に条約の効果は及ばない原則など）の両方を確認していきます。国連総会の国際社会の民主化を担うフォーラムとしての重要性や，その限界（条約と異なり国連総会決議には法的拘束力がない，武力紛争については安保理が優先権を持つ，など）についても，併せて押さえていきます。

【留意点】

①対人地雷禁止条約やクラスター爆弾禁止条約については，高校の教科書や副教材でも取り上げられていますが，これらは珍しい個別断片の事象群としてではなく，数十年にわたる地球市民の努力を背景としていることや，条約採択までのプロセスそのものが，世界秩序のトランスフォームの契機を含むものであることに，留意を要します。

②動画を視聴する学習では，スパイラル・ノートの作成を通じて，生徒たちの学習で，全体を俯瞰できているか，主要な論点群を看破できているか，重要な要素どうしの相互の関係をつかめているか，などの点を確認します。そして，国際社会を動かす回路に，大国の強い関与を経由しないルートもあるというポイントについて，学び取れているかどうか，を読み取ります。

③ディスカッションでは，前単元での核抑止論の問題点についての学習を踏まえて，核廃絶のための人類の努力の最先端について知り，今後にどのような可能性と課題があるか，を中心に論じることが期待されます。

【補　足】

①地球市民の倫理や規範が結局は国際政治を動かす，とするコンストラクティヴィズムの潮流の考え方は，平和教育との親和性が高い，とする報告がありました（Evans 2008）。コンストラクティヴィズムのみを中心的に学習する高等教育の立場もあります（Bailliet 2014）。ですが，生徒たちがいずれの潮流に深い共感を寄せるかは別として，リアリズム～リベラリズム～コンストラクティヴィズムの理論的な変遷の全貌そのものが，望ましい世界秩序を構想

する学習にとって参考にすべき対象とすべきものという観点から，カリキュラムを作成してみました。

46　大量破壊兵器・通常兵器の軍縮

> **《教材事例》Ⅱ－3－46：大量破壊兵器と通常兵器の軍縮**
> 　大量破壊兵器の種別や通常兵器との区分，その問題点，
> 　国際法による規制，今後の課題

　兵器の種別と規制について，整理しておきます。これは「軍縮教育」～「軍縮・不拡散教育」の理念に沿った学びであり，大量破壊兵器が実際に使用された場合の被害の無差別性（戦闘員と文民の区別がない）や，地球環境や生物へのダメージの大きさ，開発・維持管理・廃棄のための巨額のコスト，世界大に見ると大半の武器貿易は安保理の5大国がらみのものであること，「テロリズム」に転用される可能性，……など数々の問題点について触れていきます。

　また，通常兵器であっても，高度な性能や強大な破壊力を持つものがあり，規制が必要とされていることも押さえていきます。さらに，核拡散の危険性や，武装集団など非国家主体（非領域主体）への大量破壊兵器の流出の懸念についても触れ，望ましい世界秩序を構想する上で，「軍縮」が非常に重要な主題であることに，確実な理解が必要です。

　大量破壊兵器と通常兵器の一応の区分（ただし通常兵器の高性能化により，区分が次第に曖昧化されてきている），大量破壊兵器の3種の区分，通常兵器の高性能化，AI兵器やナノ・テクノロジー兵器など新たな兵器開発の問題点などについて学びます。また，それらの兵器の軍縮に関する様々な条約の意義と限界についても押さえていきます。

　ここでは，様々な新兵器の開発に対して，その規制は常に後手に回っている，という構造的な限界を看破し，これらの兵器を禁止・制限する根本には，主権国家間の関係の改善や，「武装民族国家が対峙する」国際社会の構造のト

ランスフォームという世界秩序の問題と繋がっていることを押さえていきます。

【留意点】

①これらの兵器を規制するための国際条約（軍縮に関する様々な条約や，武器貿易条約（2013年）など）やそれへの各国政府の加入状況については，『国際条約集』を用いながら，条約原文や当事国表を参照して学びます。

②『国際条約集』の「条約の当事国表」を参照する際に，条約に入っていない国には条約の規範は効果を及ぼさない，という原則についても，しっかり再確認をします。原則として主権国家の上に立つ機関が不在である国際社会と，基本的に政治権力が1つに統合されている民主主義的先進国の国内社会との大きな差異を，ここでも強調しながら扱うようにします。

③軍縮のための条約の採択には，国際赤十字，ICBL，ICAN（International Campaign to Abolish Nuclear Weapons）など国家以外のアクターによる関わりが重要となったことについても，押さえていきます。

④条約の当事国表の全体を観ると，武器貿易で大きな利益を得ている大国ほど，規制のための諸条約に非加入の態度を示している傾向が強いことが，浮かび上がってきます。この矛盾とその理由についても，必ず取り上げる事項とします。

【教室での経験から】

①これはS校以外の学校での経験ですが，兵器の種類を扱うと，軍事マニアの生徒が知識を披露するばかりの時間となったことがありました。この単元は，兵器そのものを興味の対象とする学習ではなく，あくまでそれらの兵器の非人道性な性質について知り，軍縮の必要な理由やその手順，世界秩序の問題との繋がりについて考えるための学びである，という授業のコンテキストを貫徹し続けることが大切である，と思われました。

②核兵器の問題を扱っているうちに，特に「フクシマ」以降，生徒たちの関心事項が，原子力発電の安全性についての論点に派生し，質問が続出することがありました。核兵器の開発と原発の問題との関係性についても，よりしっ

かりと扱っていくことが求められていることを実感しました。

【補　足】

①条約に基づく軍縮の査察と検証については，中央政府を持たない現在の国際社会では，その遵守や履行を確保することが難しい事項です。どうやって「主権の壁」を乗り越えるのか，特にどうやって大国を引き込むのか，望ましい世界秩序の構想の上で重要な要素となるので，熟考を求めました。

②「核テロリズム」に関して，歴史上，国際的な犯罪に対しての国際的な取り締まりの組織を樹立しようとするのは，国際的に広範囲にその様々な活動が及んでおり，治安維持のためのコストを諸国に分担させたいために，むしろ大国の側であった（ルブラン 2005）経緯についても，ヒントとして触れました。

③この単元が知識の伝達だけにならぬよう，国際的な軍縮会議の疑似体験を扱ったカードゲームを試作・試演しましたが，これはまだ完成・公開の段階には至っていません。

④世界全体での軍事予算の規模，武器貿易の５大国への集中などについては，中３年次・高１年次の学習で既に触れていますが，世界秩序を構想する課題の上で考慮に入れるべき情報として，改めて位置づけます。

47　国際関係学の学説の主な潮流

> 《**教材事例**》Ⅱ－3－47：国際関係学の学説の主な潮流
> 　リアリズム，リベラリズム，コンストラクティヴィズム，批判理論など国際関係学の学説の主な潮流の歴史や特徴

　科目の展開部での，国際関係史の推移についての学習を，国際社会の変遷に合わせて形作られてきた，国際関係学の学説の諸潮流の展開の面から，復習・整理してみます。

①この単元では内容上，教員からの紹介・説明と簡単な発問，質疑応答に留めます。資料は，国際関係学の教科書や資料，大学・大学院の授業をもとに作成しています。

【教室での経験から】

①基本の３つの潮流のうち，どの立場の平和のための構想について，最も共感を覚えるか，生徒たちに試しに尋ねてみると，だいたいどの年度でも，リアリズム１～２割：リベラリズム５～６割：コンストラクティヴィズム３～４割，くらいの割合での支持が見られます。

②それぞれ支持の理由を簡単に聞いてみると，たとえば，好きではないけれども国際政治ではやっぱり力が必要と思う（リアリズム），現実に見合っていて，これを地道にやっていくしかないと思う（リベラリズム），まだ理想だがこれからに期待できる（コンストラクティヴィズム），……などの趣旨の答えが，たいてい返ってきます。３つの立場を比較検討し，それぞれの説明力のある点と，問題として指摘される点を理解した上で，根拠を持って答えていることが，確認できました。

【補　足】

①個々の用語については専門的すぎるので，大きな紛争とその解決により形作られてきた，世界秩序の歴史上の変遷の流れに伴って，諸学説の展開が見られている，という点を重視して説明します（カリキュラム概念図を参照）。

②平和学は，国際関係だけを対象とする学問分野ではありませんが，現状の世界を暴力的なものとして批判的に見るという特徴から，国際関係学での批判理論の１つに挙げる資料もあります。

48　国際連合とその改革

《教材事例》Ⅱ-3-48：国際連合とその改革

YOUR DECISION？

新たな世界の仕組みの考案の方針について……？

A.　国連の改革をベースに考える　　B.　一から新たに考案する

現状の国際連合の仕組みの確認，これまでに試みられてきた国連改革案

　オリジナルの望ましい世界秩序の案出を行う直前の段階で，国連憲章の描く基本的な国際社会の仕組みを確認し，さらに世界平和のために達成できている点／できていない点を客観的に分析，修正の必要なところに代案を考えていく，という学習にトライします。

　まず，現状の国連システムの現状について，確認・整理します。次に，国連システムの機能の長所と限界とを踏まえて，実際に行われた改革や，これまでに提案されてきた改革案にはどのようなものがあったか，を学びます。そして，生徒たち独自の将来の望ましい世界秩序の考案の際に，現状の国連システムを元に改革していくのか，まったく新しい機構を構想するのがよいのか，案出の方針についての準備として，見通しを持っていきます。

　国連憲章にある本来の権能とその限界を，憲章の想定には本来なかったことも含めながら，次のような表を用いて4つの項目に整理してみます。

　次に，これまでの国際関係史と紛争解決法の学習を集積しながら，国際連合の限界をどうトランスフォームしていけばいいのか，を考えます。これまでに出された国連改革の諸提案や，改革を主張する学説を参考としながら，検討してみます。

　国連の改革については，様々なレベルで様々な提案がなされてきましたが，ここでは公式に検討された3つの案（ラザリ案，ベルトラン案，グローバル・ガヴァナンス委員会の案）について，それぞれの内容を参照します。安保理の改革

表　国連憲章の想定と実際の国連の活動の評価

	概ね達成してきたこと	まだ達成できていないこと
当初から期待されていたこと	植民地の独立など	侵略への確実な処罰など
当初から期待はされていなかったこと	平和維持活動など	地球環境の保護など

出典：筆者作成。

の他，経済の分野での新たな機関の設立や，「持続可能な開発」の理念の反映，地球市民の参加，などが主要な論点とされてきている様子が解ります（吉田 2003）。これらの改革案の中には，国際刑事裁判所の設立のように既に実現されたものや，ラザリ案のように採決にかけられる寸前までいったものも，含まれています。

　検討を踏まえて，生徒たちは，将来の望ましい世界秩序の構想において，(i)国連の改革を基本とするか，(ii)まったく新しい機構を構想するのがよいか，案出の基本路線を，討論しながら選択（個人・グループ）していきます。この選択は，最終課題「世界リフォーム計画」への助走路となります。

　また，国連憲章の改正に必要な手続きについての条文（§108……総会の3分の2以上，かつ，安全保障理事会のすべての常任理事国を含む国際連合加盟国の3分の2以上の賛成が必要）や，実際に行われた改正の例（安保理の理事国数の増加と採決法の変更，経済社会理事会の理事国数の増加，など）を確認します。

【留意点】

①理解の混乱が起こらないよう，国連憲章に書かれた国連の基本的な姿を理解する段階（プリントの1ページ目）と，世界の平和を推進する上でその問題点を挙げ改革の論議について考える段階（2ページ目以降）を，峻別することに留意が必要です。

②ディベートの学習でよく見られた，日本国の安保理の常任理事国入りの可否のテーマの学習のように，1つの国家の立場から観るのではなく，国連システム全体を世界的視野から観て，国連の到達点と限界を，いま世界にある様々な暴力の実情を踏まえて整理し，どうトランスフォームすればよいの

か，を考えていく学習としていきます。

③単に国連の現状だけを短視的に観て功罪を論ずるのではなく，国連のしくみ
が生み出された背景に，これまでの国際関係史の推移があり，人類社会の組
織化について，どのような努力がなされてきているか，という観点から，よ
り長期的・俯瞰的な視野に基づく学びとしていくように心掛けて学びます。

④プリント資料には詳細な情報が記されていますが，けしてこれらすべてを憶
えるために掲載したものではなく，これまでも専門家によって国連の欠陥を
改善する試みが行われてきたことと，そのポイントがどこにあったかを把握
し，自前の世界秩序案を考える手掛かりにすることが主目的の単元です。

【教室での経験から】

①毎年度，ここまでの学習で，国際社会の矛盾のトランスフォームを考える上
で最も重要なテーマが，国家の「主権」と「大国」をどう制御していくか，
という点に，討論がだいたい収斂されていきます。生徒たちの，国家の「主
権」の制度に対する観方については，肯定的／否定的がだいたい半々に分か
れます。国際社会の法の支配の強化の文脈での「大国」の処遇は，本当に厄
介な課題として共有されることが多いです。

②「拒否権」は，国際連盟の反省を踏まえた制度であることは承知しつつも，
やはり不公平で問題がある，との意見を表明する生徒が，毎年度，多くあり
ました。一方で，まったく大国の協力が得られなければ，いかなる世界平和
の構想も画餅となって，有効に機能しえないことも，学んできました。

　　「やはり拒否権があるから，大国に振り回されている感はぬぐえないと思いまし
　た・でも，大国がいないと経済的にも，国連の意義とかもなくなってしまいそうで，
　私たちが新しい国際機関を考えるときはそれが最大の焦点になりそうかな，と思いま
　した」(授業ログ・ノートへの，ある生徒の記述より)

　　……この感想は，「拒否権」が，国際社会の民主化の必要性と，国際社会
への大国の影響の大きさとの，緊張関係を象徴していることを見抜き，ここ
が議論の「最大の焦点」になることを予期したものと思われます。

この矛盾をどう「トランセンド」していくか，が，望ましい世界秩序の構想の肝心な点の１つであることを，生徒たちが次第に共有していく様子が解ってきました。

③「国際連盟」や「超大国と世界の国々」のワークを通じて，特に「大国」が国際的な規範を破っても，必ずしも相応の制裁を受けることがない，という点について，生徒たちから大きな不満がたびたび出されました。しかし，しょせん国際社会は弱肉強食……，と開き直るのではなく，だからこそ，世界平和のためにここをなんとか改善したい，という具体的なトランスフォームへの意欲が保持されている様子は，たいへん心強く感じられました。

④国連改革は，国際関係学の第一線の論点の１つで，一見，専門性の高い項目ではありますが，授業実践を通して，これまでの国際関係史の学びの蓄積を働かせれば，十分に適切に論じ合える主題であると思われました。

⑤この単元の最後に，「世界リフォーム計画」への足掛かりとして置いた，新たな世界の仕組みの考案の方針選択の設問は，当初の年度では，あまり有効に機能しないことがありました。それは，国連の評価を行う際に比較となる，新しい国際組織を一から考案する，という事例を知らされていないことが，原因と思われました。そこで，ここでの方針決定は仮のものとし，後続の年度からは，第二次大戦末期から設立が模索された「世界政府」のテーマ（次単元）を追加することとしました。

【補　足】

①ここでも，国連憲章の条文を生徒自身が直接に参照しながら学んでいきます。

②展開部のここまでの学習で，国連の成功と失敗の背景には，国際社会の矛盾と人類社会の組織化の不十分さがある，という観点が築かれてきていることが期待されます。

49〜50　世界政府の案と構想

```
《教材事例》Ⅱ-3-49：世界政府の案と構想
　世界政府を樹立しようという動きが欧米社会を中心に高まったときの，
時代背景，運動の推移，論点，疑問や批判，など（文献から整理）
```

　これまでの学習で，現代の国際社会での主要な問題点として浮かび上がってきた，国家の持つ「主権」の負の側面（条約や国際機関からの脱退の自由，内戦の問題など）や，「大国」の負の側面（覇権争い，国際法に違反しても処罰が困難，など）をどうするか。国家の「主権」も「大国」も超える立場から，指示・命令できる機関が，もしもあれば最も手っ取り早いのではないか，……と考えるのは，自然な発想の1つです。

　世界政府の樹立のための思想レベルでの様々な提起は，18世紀からなされていましたが，二次大戦の末期に原子爆弾が実戦で使用されたことをきっかけに，世界連邦の樹立のための運動が，欧米社会を中心に高揚しました。民間レベルの国際的な運動の盛り上がりだけではなく，米国の多くの州議会の決議や，世界連邦の憲法草案の作成などの動きもあり，さらには当時の主要国の外相など各国首脳クラスの政治家も交えた世界連邦設立のための準備大会が開かれるなど，一時は大きな隆盛を見せました。しかし今日まで，世界連邦や世界政府は，実現されませんでした。当時の運動の実態を踏まえた論説（田畑1950）では，そのいくつかの理由が指摘されています。

　世界政府論の長所と限界について，イラストの作成（移行過程，世界政府のサイズの各理論）をしながら学び，望ましい世界秩序の構想の参考に加えていきます。作成されたイラストは互いに見比べ合い，最も解りやすいものを生徒全員で選出するコンクールの形式としています。

　世界政府が実現に至らなかった原因には，運動の興隆と同じ頃に米・ソを中心とする東西冷戦が深刻を極め，資本主義陣営と社会主義陣営との協力がほぼ見込めなくなった，という国際情勢の理由が第一に挙げられます。しかしその

他に，理論的にもいくつかの欠陥が指摘されていたため，冷戦が終結した後の今日においても，設立への困難性が残されています。

　たとえば，世界政府が専制的になることをどう防ぐのか，世界政府の権能をどれくらい強くするのか，侵略を行った国家への制裁をどのように行うのか，世界政府に弊害はないのか，世界政府は果たして非暴力的に実現できるのか（移行過程），……などについて，検討し合う授業になります。

　　○世界連邦の樹立の運動の現実の推移
　　○運動で提唱された世界政府像（世界政府の権限と管轄する範囲の大きさ）
　　○世界政府を実現する方法の提案の内容（国連を改革／新たな別組織）
　　○世界政府論への主な批判論の内容（民主主義との両立の困難性など）
　　○現在の国際連合と比べて，よりよい活動が期待できるか

……などが学習の主な項目になります。

　運動の歴史はあっても，世界政府は，形として実現されたことのない理論上の提案であるため，歴史の教科書や資料集での記載はなかなか見当たりません。望ましい世界秩序の構想にとって必須の学習テーマでありますが，さらに高度に抽象的な概念の議論になってしまうことが大きく懸念されます。そこで，教員による説明と質疑応答を基本としつつも，そこで提唱されている概念をイラストとして図式化するワークを置いています。

【留意点】

①世界政府や世界連邦を，究極の理想と位置づけるのではなく，まったく非現実的な提案としてすべてを退けるのでもなく，これまでの学びと同様に，望ましい世界秩序を構想していくための1つの題材として，客観的に長所と限界について考察し，既に解っている問題点については補完が可能かどうか案を出し合ってみる，という姿勢を授業の骨子とします。

②歴史上に実在した世界秩序に比べて，世界政府の提案にはプラクティスが無いために，その実像を描くことが困難です。そのため，諸概念をどれだけビジュアルに説明して伝えることができるか，という表現力が，教員に強く問

われる学習項目となります。

③教員からの説明の際には，「この案でうまくいくと予想しますか」「どの方法がいちばん適切でしょうか」「これまで学んだ歴史の中で，何か似ていることはないでしょうか」などの発問を随時に実施します。内容が高度なため，質疑は随時とします。イラストのコンクールでは，生徒たちが互いに，抱いているイメージをより具体的に共有できるようにしていく働きかけが必要です。

【教室での経験から】

①S校の中3・高1年次の他の授業においても，国際問題を扱うときに，世界政府について折に触れて設問をしてみると，世界政府はできるのであればそれに越したことはないが，近い将来（例えば21世紀内）に世界政府が実現するかどうかについては疑わしい，……とする見解が多数意見でした。

②高3対象のこのコースでは，世界政府の提案に対して，ある程度の魅力を感じる生徒の割合は，比較的高い印象です。毎年度，必ず1名以上，世界政府樹立の提案を一貫して支持する生徒がありました。中には，卒業後に実際に世界政府運動を進めている人物に面会した生徒もありました。一方，世界政府が出来たところで果たして世界がよくなるのか疑問，というところまで，授業の前に既に自力で考えていた生徒もありました。

③世界政府をテーマとするシミュレーション・ゲームの教材開発についても一考しましたが，この論題の場合では，却って事物の抽象性がさらに高くなってしまう印象です。

④別の試みとして，「シカゴ草案」をヒントに，世界憲法の条文を試作してみる，という課題を課してみた年度がありましたが，これはさすがに高校生の学習の範囲を超えていたためか，作品としてまとめ上げることができませんでした。以降の年度ではこの反省（改善のつもりが，もっと難しい学習にしてしまった）を踏まえて，憲法条文の作成の課題は取りやめにしました。

⑤初期の実践での，履修終了後のアンケートで，世界政府のときのプリントが字ばっかりで解りにくかった，との指摘がありました。そこで，イラストを

作成し合って，お互いにその解りやすさについての評価をしてみる，という学習を入れてみましたが，さらに平易な教材開発が引き続き課題となっています。

⑥後述のように，「世界リフォーム計画」では，望ましい将来の世界秩序の提案として，指摘されてきたいくつかの弱点を補いながら，世界政府を中核とする創案を行なったグループが，いくつかありました。

【補 足】

①現在では，WOMP のコーディネイターであるメンドロヴィッツや，米国の軍事外交を批判するクラーク，政治家ではスティポ（Stipo 2007）らが，世界政府論者として知られています。また，国際関係学のコンストラクティヴィズムの代表論者であるウェントは，時間はかかっても，人々のアイデンティティーを求める争いの行き着く先として，世界国家の成立は不可避である，と主張しています（Wendt 2003）。日本国内では，多くの現役の国会議員が超党派で加入しているなど，創設のための運動自体は，現在も継続されています（世界連邦運動協会のホームページを参照）。

②主に冷戦期に米国で実践された，「世界秩序の学習（World Order Studies）」の反省点として，扱う概念が抽象的で，特に現在の世界から構想された望ましい世界秩序への「移行過程」の考案で難航したことが挙がっていました（リアドン 1999）。世界連邦の設立運動には，各国家から世界連邦政府に軍備を段階的に移設する手法の考案など，「移行過程」のヒントとなる部分が含まれています。これは「世界リフォーム計画」での参考になりえます。

51～60　「世界リフォーム計画」

51～52　人類社会の組織化過程

《教材事例》Ⅱ－3－51：人類社会の組織化過程
　これまでに学んできた国際関係史を，イラスト作成・コンクール形式で整理する
ワークシート
　0.0　伝統的な国家の時代
　1.0　主権国家システムの成立
　2.0　主権国家システムの部分的な修正の模索
　3.0　安全保障を直接に扱う国際機構の出現
　4.0　主権国家システムの本格的な修正～普遍的な国際機構の出現
　5.0　？？？

《教材事例》Ⅱ－3－52：人類社会の組織化過程（作品事例）

(2015年度の実践で，各時代の構造の特徴が最もうまく表現されているイラストとして，生徒たちの互選により選ばれた作品)

　これまでの国際社会の動きは，大きな紛争とその解決への努力，というパターンを反復しながら，その都度新しい世界秩序の創設が試みられ，長期的な視点から観ると，次第に人類社会が組織化されてきたことを，整理してまとめます。
　このまとめのプリントでは，世界秩序の時代的な変遷を，Ver.0.0～ Ver.5.0

までの Version Up の形式で整理を試みています（各 Version にはマイナーなグレードアップが含まれています）。

　また，国際関係史の全体を通しての視点軸である「法と力」の関係を，時代の区切りごとに次の４つのコラムで整理しながら，人類社会の戦争違法化の歴史や国際司法の発達の歴史についての情報を加えています。

　Stage 1　覇権主義と戦争

　Stage 2　紛争の平和的解決

　Stage 3　現代の武力紛争

　Stage 4　世界法

　生徒たちは，各 Version の国際社会の構造をイメージとして捉え，イラストで表す試みを個人で行います。次に，コンクール形式で，個人の作品を互いに鑑賞し合いながら，最も的確かつ解りやすいイラストを，投票で選んでみます。

【留 意 点】

①イラストのコンクール形式のワークでは，相互に鑑賞・評価を行うため，生徒たちの間に充分に親和的な関係が成熟していることが前提となります。

【教室での経験から】

①このプリントでのまとめ方について，平和実現のための人類の努力のうち，この他にある重要な事項（軍隊のない国家，非核地帯，非核憲法，日本国憲法の平和主義の理念の国際的な意義など）についての学習が，世界秩序を歴史順に追っていく学習のコンテキストの中には，なかなか織り込みにくいことが解ってきました。そのため遡って，中３年次の公民的分野での学習の中で，それらに触れる改善を施しました（既習科目・学習スキルの節の教材事例Ⅰ-3-⑵：平和への努力〜戦争を減らせるか，を参照）。

【補　足】

①プリントは，国際関係学の教科書的な諸文献を元に構成しています。

②高度に抽象的な事象を扱う学習をサポートする手法として，まとめ部では「イラストレーション」の手法を引き続き用いています。

③日本国の国際社会への参加の姿勢の変遷についても，参考としてコラムで情報を加えています。日本国の国際社会との関係は，まさに「法」（国際裁判や国際機関の尊重）と「力」（アジア・太平洋への武力行使）の両極端に揺れ動いてきた，という特徴を持っています（波多野・小川 1998）。

53〜54　様々な世界秩序の構想の比較検討

《教材事例》Ⅱ-3-53：様々な世界秩序の構想の比較検討

```
A　勢力均衡（バランス・オブ・パワー）
B　集団安全保障
C　冷戦スタイル
D　全面核拡散
E　全面完全軍縮
F　全面完全軍縮＋世界警察
G　世界帝国
H　世界政府・世界議会
I　ブロック・システム
J　国際協力
K　グローバル・ガヴァナンス
```

これまでに学んだ歴史上の世界秩序や，理論上の世界秩序構想の，比較検討用のワークシート

《教材事例》Ⅱ-3-54：様々な世界秩序の構想の比較検討（作品事例）

　将来の望ましい世界秩序を考える手掛かりとして，モデル図を使いながら，これまでに学んだ歴史上の世界秩序や，理論上の世界秩序構想について比較検討を行い，まずそれぞれの長所と短所を挙げていきます。次に，どの構想が最

も望ましいか，個人で第1位〜第3位までを選出します。適当なものがなければ，またはさらに優れた案があれば，ランキングの中にオリジナルの案も含めてよいこととしています。

　さらに，順位づけの結果を小グループで互いに紹介し合い，特に自作の構想については，詳しい説明を施すこととします。小グループでは，それぞれの構想の長所・短所についての互いの見解を紹介し合いながら，新たな観点を得つつ，さらに各々の特徴を深く洞察していくことが期待されます。

　このプリントは，国際関係史に実際に現れた世界秩序や，国際関係学で理論的に提唱されてきた世界秩序の構想をまとめて図案化した教材です。高度に抽象的な概念をビジュアル化するために，ここでもイラストレーション（教員による）を用いています。

　そして，このワークを集計した結果を生徒たちにフィードバックして，互いの意見の位相を知り合い，最終課題である「世界リフォーム計画」への直接的な手掛かりとしていきます。

【留 意 点】

①選択の結果については，個々の生徒が根拠を持って説明できるよう期待されますが，各秩序構想の長所と短所の欄へ記した内容が，その材料となります。

②「世界秩序」の用語は，WOMP のような平和志向の構想に限らず，様々な文脈で用いられているため，国際政治を扱う様々な文献を用いての教材研究では，用語の意味する内容について，吟味が必要です。

【教室での経験から】

①実践初期の2009〜2012年度の生徒たちによるランキングの，上位3位に選ばれた秩序案の頻度の合計を示すと，次の表のようになります。

第1位（17回）	J	国際協力
第2位（14回）	自	（自作の秩序モデル）
第3位（12回）	F	全面完全軍縮＋世界警察
第3位（12回）	H	世界政府・世界議会
第5位（10回）	I	ブロック・システム
第6位（8回）	K	グローバル・ガヴァナンス
第7位（7回）	E	全面完全軍縮
第8位（5回）	B	集団安全保障
第9位（2回）	G	世界帝国
第10位（1回）	A	勢力均衡（バランス・オブ・パワー）
第10位（1回）	D	全面核拡散
第12位（0回）	C	冷戦スタイル

　表のように，Ｊ（国際協力）が，最も多く選択されており，また1位として選ばれた頻度も，最も多い秩序構想でした。

②この集計結果を見ると，所与の選択肢に満足せず，自作の秩序モデルが2位になっています。これは，生徒たちの強い問題意識や地球社会への貢献の意欲の表われと思われ，この科目の学習にとって心強い限りでした。自作の案の内容としては，Ｊの「国際協力」に，留学や平和のための教育の実施など，実体験に基づくと思われる要素を融合させたものが多くありました。この背景として，本コースでの学習以外に考えられることは，この授業の選択者の約半数を占める帰国生徒たちが，海外での滞在経験や個人・家庭レベルでの国際交流を実際に豊富に経験してきたことや，国内出身生徒らの多くも中3年次に海外へのホームステイ・プログラムに参加したことなど，民際的な国際交流の効果を体感してきた経験が豊富であったことが考えられます。

③3位の「全面完全軍縮＋世界警察」の案は，これまで実際にもたらされたことがない理論上の構想ですが，地球（国際）立憲主義の発想が，高校生に対して一定の説得力を持つことを示しているとも思われます。同じく3位が「世界政府・世界議会」となりましたが，それに比べて「世界帝国」の選抜回数は少なく，これは超大国による単独行動主義や世界政府の学習を踏まえ

ての選択と思われます。

④「勢力均衡（バランス・オブ・パワー）」「冷戦スタイル」など，歴史上に見られた秩序に対しての支持は比較的薄く，すべての国家が核兵器の抑止力に依存する「全面核拡散」への支持も，少ない結果となりました。歴史上の失敗に学びながら，できうる限り非暴力的な秩序を選択する志向性が，生徒たちの中に育まれていることが推察できる結果となりました。

⑤最後の設問では，現状の世界から，ベストモデルに選んだ世界秩序に到達するための「移行措置」についての立案を求めました。回答には，例えば，「国際協力」については留学・貿易・教育による交流の活発化を通じて，「全面完全軍縮＋世界警察」案では世界から警察官を募集することが，「世界政府・世界議会」については，そのための条約の締結や選挙の実施，およびそれらに関する教育を普及することなどが，それぞれ主に挙げられていました。「移行措置」の考案は，かつての冷戦期の米国を中心に実践された「世界秩序の学習」での難関の１つとされていましたが，一定の取り組みがなされていたと思われます。

⑥Ｓ校の生徒たちの志向としては，国際関係学のリベラリズムの，特に機能主義・新機能主義的なアプローチにあたる世界平和の構想を，選択するか自ら描いたケースが，最も多い結果となっています。この選択を，さらに陶冶する意味で，学説上の機能主義・新機能主義の短所（経済的・市民的な交流が政治的な分野での統合に波及する効果の確証ができていない）について，教員が時機を見て紹介し，生徒たちに更なる案の練成を求めた回もありました。

【補　足】

①必要に応じて，WOMP が試作した，当時の様々な世界秩序案の図解モデルの資料（Mendlovitz 1979）を配布して参考とします。また，それぞれのイラストについての理解を補助するために，教員が適宜，説明を行います。

②ランキングの手法は，抽象的で複雑な事象への関心を刺激し，互いに論じ合うきっかけを作り，議論に立ち入り易くするための参加型学習の手段として，広く用いられています。

55～59 「世界リフォーム計画」

《教材事例》Ⅱ - 3 - 55：「世界リフォーム計画」

1　直接的暴力の極小化

2　構造的暴力の極小化

3　文化的暴力の極小化

4　世界大の民主主義の極大化（ジェンダーの平等化を含む）

5　地球環境への負荷の極小化

6　現実の世界からリフォーム案へのスムーズな移行措置
　　（非暴力的な手段による）が可能

・地球大の諸問題の実態

・世界リフォーム計画の基づくべき条件

・これまで学んだ事項・技法から，参考となりうることがら

《教材事例》Ⅱ - 3 - 56：「世界リフォーム計画」作成手順

　個人の案（イエロー付箋）を補完・融合・発展させながら，新たな案（ピンク付箋）をどんどん付け加えていく（2012年度）。

　いよいよ最終課題の「世界リフォーム計画」の実作業に着手します。これまでの学習の総括として，現行の国際社会の構造の長所と限界を踏まえながら，"国連を超えて"将来の実現可能な望ましい世界秩序の構想を，個人およびグループで練り上げていく課題です。既習事項の，国際関係史に関する知識，紛争解決法と集団創造思考のスキル，のすべてをフルに用いて，世界平和のためのオリジナルのマクロなプランを，考案・発表（平和アクション）していきます。

　「世界リフォーム計画」の指標として，上の6点を設定しています。冷戦期の米国を中心に実践された「世界秩序の学習」が準拠していたWOMPの定めた指標を基礎に，現代の国際社会の状況に合わせた設定となっています。

創案に際してはまず，本コースでのこれまでの学習の総まとめである「人類社会の組織化過程」と「様々な世界秩序の構想の比較検討」の2つのワークの成果を出発点とします。作業のプロセスでは，KJ法のうち，創造的な発想をグループで融合・展開・拡張していく手法（川喜田 1984, 1986）を用います。

　まず個人で様々な案をカード（まず最低10枚とします）に書き込み，グループでそれらを読み合わせて共有します。ここでは，内容が具体的であればあるほどよい案とします。

　次に，それらを複合・融合させる案をさらに追加して出し合い，カードをどんどん増やしていきます。

　このとき，同種・同傾向のカードを集めるのではなく，なるべく異種・異傾向のカードどうしを"トランセンド"させるように工夫し，できるだけたくさんの案を新たに作成していきます。複数のカードの結合や，他のメンバーの案への追加・更新，また一枚のカードの発想を複数に分離して新たな発想を付け加えることなど，創造的な発想法として学んできた手法を，強く奨励します。

　あるカードの案の不足や欠陥は，グループ全員にそれを補完する責任があるものと捉えながら，次々に案出を続けます。そして，全てのカードを有機的に連合させながら，総合的・複合的な創案を目指していきます（集団創造思考）。

　他のグループのメンバーからのアイディアも導入・融合させるために，案出のプロセスが一定の段階に達したところで「ワールド・カフェ」の方式を用いてみます。説明役の1名がテーブルに滞在しながら，他のグループのメンバーたちが各グループを数回ずつ訪問し合い，悩みどころの共有やヒントの提供，新たな案の追加・挿入などを行い，集団での創造的な発想をさらに豊かに拡げていきます。

　でき上がった各グループの望ましい世界秩序の構想は，まず授業内で，互いに披露・検討・批評し合い，上の6項目での達成度をそれぞれ評価し合います。授業内での検討の結果をフィードバックし，さらに練り上げた作品を，授業外の機会で発表していきます。

【留 意 点】

①既習科目以降の，これまでのワークの経験を基にしてはいますが，もしも何らかの困難が生じた場合にも，生徒たちの力量による克服を基本的に尊重することとします。教員のアドバイスは，質問に答える，これまでに学んだことを思い出すよう示唆する，話し合いの進め方や発想の持ち方についての工夫を提案する，などの範囲とし，案の内容そのものには介入しないこととします。

②既習科目での，KJ法のトレーニングの初期の段階では，KJ法が事実上の「紙上多数決」になってしまう事例がしばしば見られました。習熟するまでの間，集団創造思考のプロセスの進め方の面で，教員がじっくりと観察し，必要に応じて助言を行うことが必要でした。

【教室での経験から】

①グループで互いに創造的な発想を活かす学び方は，これまで豊富に経験してきた学習スタイルであるので，基本的に生徒たちは自信を持って取り組むことができたように思われます。実践の過程で，KJ法に関する技法的な面での困難はほとんどなく，教員からの助言は，ほぼ必要ありませんでした。

②むしろ，グループの構想の過程で出されたアイディアについて，かつて国際社会に類例があったかどうか，それは果たしてうまくいったか，というタイプの質問を受けることが，しばしばでした。地域的な国際機構の成功例について，平和教育のプログラムを実施している海外の大学での実例について，など，かなり専門的な範囲の中に入るのでは，と思われる助言を，生徒たちから求められることもありました。

③各年度の作品の概要は，次のようになっています。

〈2009年度〉

《教材事例》Ⅱ－3－57①：RANF システム（作品事例）
　校内プレゼンテーションで用いられたスライド資料

2009年度の生徒たちは，「RANF システム（Regional Actors Neo-Functional System）」と名付けた独自の構想を，代表案としてまとめました。この案は，「新機能主義」（経済的な分野での交流がやがて政治の分野での相違を乗り越えて国際統合をもたらす，とするリベラリズムの仮説）の改良形です。「新機能主義」に指摘された弱点を補いながら，現代的な交流手段を駆使して人的交流を高め，欧州連合（European Union, EU）のように主権を共同利用する緩やかな国際組織体を次第に形成しつつ，地域のアクターの力も用いながら種々の暴力を解決しようとしています。

　これは，対等な国家間の関係を世界的に強化しながら，覇権によらない世界秩序を構築する（"EU の大きい版"），という構想で，EU ほど強固な結びつきではないが，経済的・文化的な交流から緩やかな世界大の国家の連合を推し進めることにより，武力紛争や軍拡競争を防止する，という視点に基づいています。校内プレゼンテーション大会での発表では，スライドを使った構想の紹介だけではなく，生徒 1 人 1 人が主要国家や国際機関の役割に扮してのスキットが披露されました。

〈2010年度〉

《教材事例》 II - 3 - 57② : Let's make WG（作品事例）
　プレゼンテーションで用いられた模造紙資料

　2010年度の生徒たちは，「Let's make WG」と名付けた，世界政府の構想を，代表案としました。この案は，従来型の世界政府の案を，地域的な国際共同体を中間組織として置くことで，その集権性からくる弊害を改善しようとするものです。世界政府は地球的な諸問題の解決を本務とします。国際連合にはない，いくつかの専門省庁を置くことで，地域的な機構との連帯のもと，世界の様々な暴力や矛盾を合理的に解決しようとする構想です。

　地域的な分権を織り込むことにより，世界政府論の弱点を補う，という工夫は，興味深い発想です。また，実際の世界的な機構の運営に反映させるため

に，平和学を制度化し，教育や技術など人類の共通の財産をトランスナショナルな体制で推進する体制を築くことで，人類社会全体の展望を拓こうとする，将来性を重視した計画も含まれています。

〈2011年度〉
　2011年度は，2つのグループが，それぞれ構想を創り上げました。

《教材事例》Ⅱ－3－57③：国連改革案・総会追加案（作品事例）
　プレゼンテーションで用いられた模造紙資料

　（ⅰ）国連改革案……21世紀の世界の状況に見合うよう，現状の国際連合の改革を，従来から指摘されてきた欠陥を補いながら進める，という漸進的な案です。地球市民によるNGO群のキャンペーンを通じて国連の財政をまかなうことにより，大国の発言権を弱め，安保理の五大国に与えられている拒否権を段階的に廃止し，理事国を公平に選ばれた国々による任期制のものへと改革する，という骨子を持っています。ここでは，「移行措置」について，深く検討された跡が見られます。

　また，「経済保障理事会」「世界統一教育理事会」「みんなの地球管理理事会」の3つの理事会を新設し，経済の不均衡の是正や，国際教育の推進，環境問題への取り組みを，世界的視点から執り行うものとしています。これらは，構造的暴力に対する地球大の取り組みを制度化する試みであり，平和の問題をより包括的に捉える視点が活かされています。

　（ⅱ）総会追加案（エキスパート＆アドバイザー機構を国連総会に追加する案）……総会を中心として，国際連合をリフォームする構想です。その特徴の1つは，個人のエキスパートの集中的な起用であり，グローバル・ガヴァナンスを国家の代表が司るのではなく，各省に配置された，個人として選出された専門家たちが，教育，環境，医療などを推進・実行していく，という点にあります。

　もう1つの特徴は，理事会において，大国の持つ拒否権が正当に行使された

かどうかを検証するための，中立的な中小国の代表らによるチェック制度を置いた点にあります。3/6以上の大国が拒否権を行使した場合はそのまま決議を廃案とするが，1/6または2/6の場合は中小国の代表らによる過半数の支持があることを，安保理での拒否権行使の条件としています。

　総会の議決においても，単純多数決ではなく，地域や宗教の面からも満遍なく賛意が示されているかどうかをチェックする，としています。紛争については，「平和維持隊」と名づけられた組織が徹底して仲介を行い，当事者がそのための対話の座に付くことを強制としています（制裁の可否や内容については，結論が出なかった，とのことでした）。

〈2012年度〉

《教材事例》Ⅱ-3-57④：Global Peace（作品事例）
　校外プレゼンテーションで用いられた配布資料

　2012年度の生徒たちは，いったん新たな国際機関に関する様々な案を出し合いながらも，それらの根幹に，広く地球大に人類共通の視点による教育が制度化され実施されることが必要である，という共通の見解に達し，「Global Peace」という世界的な視野に基づく教育プログラムである「GP（Global Peace）プログラム」を実施して，国際社会のリフォームの根幹とする構想を描きました。

　このプログラムは，国民国家的な教育と並行する形で，新たに創設される「Global Peace」の拠点校を中心に世界大で実施・展開されていき，そこからさらに多くの学校へと順次，浸透させていく，という手順により，やがて世界的に普及されるものと位置づけられています。国際協力と教育とのトランセンドを提案の基礎としています。

　拠点校の備えるべき要素として，地球的な視野に基づく教育の理念と，それに基づいた各学年での必修科目，行事，その理念にふさわしい施設の要件などが，かなり具体的に考案されています。

〈2013年度〉

《教材事例》 Ⅱ - 3 - 57⑤：Global Nations（作品事例）
　　グループKJ法を用いての検討途中段階の資料より

　2013年度の生徒たちは，「Global Nations」という機関の創案を行いました。この構想は，緩やかな世界政府の設立を基本としながらも，その中枢に立法・行政・司法の「三権分立」を基礎とする仕組を確保することにより，その強大な権限が暴走した場合の弊害を抑制する，という特色を持っています。議会が立法を行い，実行委員会が各省を束ねる執行機関として位置づけられ，裁判所が決議案の審査や国家間の訴訟に対応する，とする仕組みです。実行委員会の下にある様々な「省」が決議案の実行にあたり，教育省，平和省，環境省などが置かれますが，これらは，各国の国内政策と矛盾が起こらないようにしながら，地球大の問題の解決に尽力する役割を果たしていく役割としています。

　この構想は，国際社会における「法の支配」を重視する「地球（国際）立憲主義」の発想を，内容的にさらに推し進めているもの，と観ることができます。この年度の作品の構想の過程では，生徒たちの中で，個人による発想の強化と創造的なグループKJ法の活用の手順とについて，互いに特に強く意識され，重んじられ合っていました。

〈2014年度〉

《教材事例》 Ⅱ - 3 - 57⑥：世界政府・国連の改善（作品事例）
　　授業内プレゼンテーションで用いられた資料より

　この年度では，世界の中央に権限を集める集権的な方針を採ろうとする方向を基本とするグループと，地域分権的な方向を基本とするグループの2つに分かれて，創案を実施しました。

(i)集権的な方針から，世界政府の設置を考えたグループは，個々の国家は残すものの，全ての国に対して，機関に主権を預け，拒否権の廃止にも同意を得る原則を設定しました。世界政府の議員や代表になる権利は，世界中の人々に平等に与えられており，世界中に地球市民の精神や平和学を必修とする義務教育を徹底させる，としました。そのため学校を増設し，さらに「地球大学」を創り，自国の利益だけでなく世界全体の利益を考えるようにしていくよう教育を進めます。

　世界政府の議員や代表は，「地球大学」の出身者（ジェンダーや地理的な平等に基づく）で構成されるものとし，さらに「世界大統領」を数名，投票で選びます。「世界警察」は世界から核兵器を撤収し，軍事産業を平和的な産業に変えていきます。世界法と各地域の法の二系統の司法制度を設け，それぞれに裁判所を配置します。この世界政府は国家からでなく，地球市民（特に富裕層）から直接に資金を（飛行機，カジノ，タバコなどから）徴収して，スタートさせます。NPO や NGO は，国家間の紛争の調停にあたります。

　授業内での検討では，「地球大学」ができて普及するまでの手順や，その間に行われるべき措置について，質問が出されました。答えとして，作成グループによる再検討が行われ，「ネット授業」の案や，最初は既存の教育の中で「地球大学」への準備となる授業を行う，という代案が提示されました。

　(ii)分権的な方針から，国連の改善を考えたグループは，ASEAN（Association of Southeast Asian Nations, 東南アジア諸国連合）のように地域の課題は地域で解決することを優先し，できなかったことだけ国連に持っていく，という基本方針の上で，現行の安保理や総会の見直しを提案しました。

　安保理では，常任理事国は各「地域同盟」（ヨーロッパに１つ，など地理的な単位で構成される）から１ヶ国ずつ選ばれるようにし，非常任理事国はその他の国々の中から立候補する国が公開のプレゼンを行って，総会で選挙を実施し，ジェンダーのバランスも考慮しながら選出される，としました（安保理に比して総会の権限は強くなります）。また，安保理での「拒否権」の行使には，３ヶ国以上の賛同を要するものとし，憲章違反のあった場合は拒否権の行使を一定年

限，停止する措置を設けます。議長は平和学の専門家から選び，各国代表に平和学を教える役割を持たせます。

　NGOと専門機関は，持続可能性，エネルギー，軍縮，人道，環境問題などの各部門で協力し合いながら，世界の諸問題の解決にあたります。また，新たな「国際協力」の制度として，先進国1つと途上国1つを組み合わせた「ペア」を世界中にたくさん編成し，共同で開発や教育の充実を進める仕組みとします。各国はさらに国際交流（留学，スポーツ，伝統芸能などの分野で）を積極的に支援・強化するものとし，国家間の相互理解を深めていくことで，紛争を予防します。

　授業内の検討では，2つのグループによる案をさらにドッキングさせて，(i)に至るまでの移行措置として(ii)を用いる（改革された国連が，新たな世界政府を創るための母体となる「地球大学」の卒業生を増やす），という，メタ提案が出されました。また，国連が特許料を取って自らフランチャイズ産業を展開し，独自の資金を集める，という追加も提案されました。

　この年度の取り組みでは，生徒全員が後続科目の「平和学特講」を継続して選択したため，「平和学特講」での学習内容も反映させながら，長時間をかけてよく練り込まれた取り組みとなりました。小さな改革を少しずつ積み重ね，時間をかけて世界を平和に変えていく，という基本姿勢が特徴として見られました。グループKJ法のプロセスでは，個人の案を切ったり貼ったり繋げたり…の作業が，生徒たちの間で，水平的・協力的に，特に丁寧に行われる様子が観察されました。

〈2015年度〉

　この年度では，「様々な世界秩序の構想の比較検討」の課題への回答の傾向に基づき，3つのグループに分かれて創案を実施しました（新たな図描はせずKJ法のシートを直接用いた発表となったため，資料の掲載は割愛します）。

（ⅰ）「国際協力」チーム

　地球代の教育を推し進めることにより，人々の意識を変革してより活発な「国際協力」を増進する，という構想です。

　まず，国連の下に，世界共通の教育を行う「国際教育委員会」を創り，地球市民の精神，ジェンダー，環境などの教育を実施して，地球市民1人1人の意識を変えていきます。特に環境問題に関わる提起を通じて，地球全体を考える意識を創っていくようにします。そうして作られた友好関係を通じて，軍縮を進め，軍縮の進行により浮いた資金を「国際教育委員会」にさらに還元していきます。委員会はまた，地球市民の誰もが高校生までに留学やボランティアで他国に出かける経験ができるように，支援する役目も持ちます。大国の人々も委員会の教育を受けるので，意識が変わっていき，新しい世代の子どもたちが将来を引っ張る立場になっていきます。国家の主権は置いておきますが，人々の格差や環境の問題への意識が変わると，国際社会の仕組みが変わらなくても問題の解決が進む，というプランです。

　授業内の検討では，「国際教育委員会」のメンバーの選出方法について質問があり，大国に偏らないように選ぶようにする，との回答がありました。

（ⅱ）「ブロック・システム」チーム

　この案の基本は，世界のすべての国々が，地理的に近接する「地域ブロック」および，経済，宗教などで構成される複数の「ブロック」に同時・多重に加盟し，国際社会の結びつきを緊密にする，という点にあります。地理的なブロックへの加入は必須としますが，他のブロックには参加国にとってメリットの大きなものに任意で加入する体制とし，たとえばTPP（環太平洋パートナーシップ，Trans-Pacific Partnership）のように，なるべく遠い国どうしが連携するように組み合わせていきます。それぞれのブロックの中では，三権分立により「法の支配」を目指す仕組みが取られ，「主権の壁」を次第に解消していきます。

　各ブロックでの活動を通じて，環境や軍縮などについて人々の意識を高めていき，市民運動やNGO活動を活発化させます。活動の中では，特に教育とメディアの部門が重要で，文化交流，和解についても情報を互いに発信します。

ブロック間の繋がりが活発になると，経済も改善していき，貧困が解消されていくものとしています。

　国連は残しておきますが，話し合いの場としてより活発に使われるようにします。国連を抜けると議論に参加できずデメリットが大きくなるので，大国の脱退を防ぐことができる，としています。安保理は廃止し，新しい専門機関（トランセンド，メディアなど）を増設します。紛争に対しては，地域ブロックが優先的に対応することとし，そこで裁判などを行います。国連は，なるべく強制的にではなく，「和解」を推し進めて解決に努めます。時間はかかっても，経済分野だけに留まらない多元的な協力の経験を積み重ねて，人々や国々の考え方から変えていく，というプランです。

　授業内での検討では，ブロックごとの対立が起こった場合はどうするのか，という質問がありました。国連の新たな部門である「トランセンド省」で和解・調停する，との答えがなされました。また，どの国家も必ず地域のブロックには属さなければならず，その他の分野別のブロックにも入らないと不利になる状況が次第に生まれることで，反抗的な国やブロックに入らない国の出現を防ぐ，との回答でした。この「重複ブロック制」は，文化や経済の交流と同時進行的に進めるプランとのことでした。教員からは，「重複ブロック制」を，地図を用いて作例を示すとさらに解りやすかった，との助言を付しました。

(iii)「世界政府・議会」チーム

　この案では，国連に，大きな権限を持つ「トランセンド省」を追加し，紛争解決や，平和学の専門家を育成して世界各地に派遣する役割を持たせることが，中心となっています。「トランセンド省」は，食糧難や核汚染などへの対策も含め，あらゆる人類の知識が集結する場所とします。

　国家の主権は基本的に温存しますが，しかし世界中の貿易の関税を国連の収入とし，その資金は，各国内の経済も含め，世界全体がよくなるように活用します。また，時間をかけて軍縮を進め，核を廃絶し，浮いた資金で，新しいタイプのPKOである「地球守り隊」を創設・派遣します。国連直営の「地球守り隊」は，各国の兵士を他国に派遣し，世界どこでも他国の兵士たちに自国が

守られる仕組みにしていきます。「地球守り隊」のスタッフは，派遣された先で現地の人々との交流を進め，災害や治安の対策も受け持つ役割を持ちます。

また，メディアと教育は影響が大きいことから，「トランセンド省」直営のメディアを作り，偏りのない情報の発信を実施します。

「トランセンド省」はさらに「アイス・ブレイク・キャンプ」（必修参加，来なかったら国連での発言権無し）を主催し，各国のトップや政治家どうしに個人的な繋がりを作り，同時に平和学を学んでもらうという活動も進めます。加えて，各国首脳らには，プレゼンテーションをしてもらい，地球レベルで，世界中の人々に評価の投票をしてもらうイベントを開催します。国連での発言権は，その投票の結果に従って与えられます。このイベントを通じて，世界の人々の意識も高められることが期待されます。国連議長（世界議会のトップ）は選挙で選ばれます。

「トランセンド省」での決定は法的拘束力を持ち，それに基づいて国連は，経済対策や軍縮を進めます。この省は，ICJ に紛争を送るなどの判断も行えるものとします。安保理は廃止し，大国の拒否権も廃止します。

授業内での検討では，ネット環境の悪い国での投票について質問がありました。国連の税収から投票に必要な設備を作り，同時に，平和学を教える教員が各地に派遣される，との回答でした。教員からは，「地球守り隊」に，「非対称的防衛」の学説（坂本 1959）に共通する発想が含まれていたことを，参考として伝えました。

この年度の特徴として，構造の変革よりも，それを支える人々の内面の平和を強化する方針の，コンストラクティヴィズムの発想にも通じるトランスフォーム案方針の案が多く出されていました。

〈2016年度〉

《教材事例》Ⅱ−3−57⑦：国際連合改善利用・国際法と力（作品事例）
　授業内プレゼンテーションで用いられた資料より

　この年度では，「様々な世界秩序の構想の比較検討」のワークでの回答傾向に基づいた，2つのグループに分かれて創案を実施しました。

(i)「国際連合改善利用型 世界リフォーム計画」

　この案は，各国のGDPに替わる指標として「GPP」(世界平和指数) を設定し，世界的に普及・推奨することから始まります。この指数は，核軍縮や武器の削減，環境保護など，世界平和への貢献をすることで高まります。

　GPPを世界中に広める役割をするのが，安保理と同じ地位で新たに設立される，「UNPCS」(紛争解決理事会) で，安保理は次第に役割を減じてここに吸収されることになります。「UNPCS」では，国際法の強化も行われます。

　また，経済社会理事会の下に新たに「PES」(平和的選挙サポート) を設置します。これは国連が奨学金を貸し付けて，平和的な思想を持った人を多く養成していく機関です。借りた人が各国の首脳に当選すると，より少額の返金 (落選の場合は利息をつけて返済することとし，モチベーションとする) ですむようにし，これによって世界のどの党にも「GPP」を意識したリーダーを養成することを目指します。「PES」の活動は長期継続され，平和の精神やアイディアを，各国に広げていきます。

　「UNPCS」の下に「世界警察」を設立し，平和的な紛争解決を行う機関として，安保理を吸収した後 (現在から30年後と設定) に活動を開始します。「世界警察」は，全世界を背景にした，テロの予防と和解，情報収集，平和的解決のスペシャリストのチームで，国連から独立しています。紛争は，GPPの順位により決められた「UNPCS」の常任理事国による裁判に必ず付されます。「世界警察」はまた，国際裁判 (ICJは温存) を受けることを強制する権限を持ち，制裁として，話し合いの命令を行います。

　「UNPCS」はまた，経済的に豊かな国5ヶ国を指定して，3年交替で中小国を支援する制度を動かし，貧困をなくしていきます (安保理の非暴力版)。

　この構想では，安保理を，より平和的な価値を推進する新たな組織へトランスフォームする，というアイディアが骨子になっています。現在の国連では，「平和への権利」を人権とすることについて話し合いが持たれていますが，平

和を元にする価値観の共有を通じて，国連の改革を順次行っていく，という段階的な手順や，安保理から新たな機関への移行措置についても，よく検討されています。

授業内での検討では，国連に対する暴力に対処する方法について，質問がありましたが，「世界警察」が仲介を行うとのことでした。教員からは，安保理と総会の関係について，さらに創案の充実を求める助言を付しました。

(ii)「国際法と力の一体化」

もう1つのグループは，国家の主権を根本的にトランスフォームする，大胆な案に着手しました。国家の主権の一部を「新国際機関連合」に移し（条約を結ぶ権利は残す），主権の代わりに「存在権」を設定，「存在権」は国家相互の承認によるものではなく，「新国際機関連合」が新たに認定するものとします。

新しい「国家」はすべて連邦制に移行し（現在の国連加盟国にとって，その方が得になるように導きます），やがて国連は自主解体となり，国際機関群が，「アドバイス権」や，「新国際機関連合」への議長（ジェンダー交替制）の派遣を行う権利を持つようにします。

各地域には，新たな「国家」による「新経済共同体」を置き，地域の問題を解決します。「新国際機関連合」は，地球規模の問題の解決を担当します。こうして約30年の移行期間のうちに軍事を撤廃し，世界平和を創り出します。

授業内での検討では，国家主権の廃止にまつわる国々の抵抗について，新しい機関の持つ「力」の性質について，などの質疑応答がなされました。

この案は，カントの平和構想のように，主権のトランスフォームを正面から描く，哲学思想的な提案で，かなり根源的・意欲的な立案でした。さらに，実際に国々をどのように新しい国際社会へと導いていくのか，移行措置をどうするのか，などの具体的な構想が含まれていれば，と思われました。

〈2017年度〉

《教材事例》Ⅱ - 3 - 57⑧：世界市民→世界政府（作品事例）
校外プレゼンテーションで用いられた資料より

　この年度では、「世界リフォーム計画」の他に、「東アジア社会の総合的な和解と組織化のための計画」、「世界平和のための和解・調停のメカニズムの構築の案」のテーマで、３つのグループに分かれ、それぞれに創案を行いました。うち「世界リフォーム計画」は、次のような内容でした。

　提案の大筋では、世界平和のため、長期をかけて世界市民を養成することを通じて、ゆくゆくは世界政府を構成していく計画を立てています。メディアを変革し、世界共通の番組を国連で作成して、世界を変えるアイディアを世界的に放送します。「国家主権」とは別に「世界権」を創設して、各国と世界全体の決定権のバランスを取ります。また、世界の各地に地域の連合体を作り、世界政府との権限のバランスを作っていきます。

　そして、2017年〜2080年の間に、世界政府（管轄権を強化された国際司法裁判所などが含まれる）を創るまでのプロセスが提案されています。"New World Education Center" を創り、世界市民育成のための７つのテーマに基づく世界共通の教育を実施します。例えば、「NGO」（NGOの権力を高める）、「ICJ」（裁判官だけでなく問題解決のスペシャリストを育成する）、などのテーマが設定されています。

　世界市民育成のための教育は、新たな世界への扉をこじ開ける「ネジ」の形で表現されています。メディアと教育を、世界を変えるための主要な二大要素として提起し、世界的な選挙を管理する委員会を設立するまでのプロセスについて、未来年表も作成しています。世界共通の教育の各テーマの中には、この授業で扱ってきた項目が、整理されて織り込まれています。

〈2018年度〉

　この年度は、Ｓ校が急に校外イベントへの生徒の派遣を決定し、学期末に一

部の生徒が不在となって、「世界リフォーム計画」のグループでの創案を完結することができなかったため、検討途中段階でのプランの概要を記します。

（i）「世界教育改正案」
国連で「平和促進法」を作り、すべての国に学校を設置して共通の教育（平和学を教えて世界の人々が時事問題を考える）を行うことを中心にしたプランです。

（ii）「世界法に基づいた先進国と途上国のパートナーシップ」
この案では、世界政府を創設して、拘束力のある世界法を創り、世界警察を置いて、核兵器を禁止し、犯罪やブラック企業、環境破壊を取り締まります。安保理では、世界への貢献度に基づいて理事国の投票数をプラスの評価にする代わりに、拒否権を段階的になくしていきます。

また、先進国と途上国の「パートナーシップ」を設定し、先進国は途上国に支援金を払うことを義務化され、担当する途上国の経済成長が不十分ならペナルティが課される仕組みを置きます。

（iii）「脱国家」
各国がお互いにリスペクトして話し合いをする約束をし、条約に基づいて国連を強化、核軍縮、難民の保護、文化の保護、軍事技術の宇宙開発への転用などを進めて、次第に国家の主権の存在意義を薄めていくというプランです。

④「世界リフォーム計画」の作品について、カリキュラム初期の「2050年の地球社会の様子の予測と地球的諸問題への対策」（導入部[2]～[3]）からの変化、特に、国際関係学の学習の成果が反映されているかどうか、について、教員が比較・抽出をしました（2011年度，2014年度）。カリキュラム本体の学習の前後の変化として、例えば事後の作品からは、次のような新たな特徴が観察できるようになっています。

○複雑な紛争の解決の視点や，紛争の深層構造を見抜いて，そこに中心的に着手する方向性が活かされている。

○現実を無視した勝手な空想や，実現手法を伴わない願望を表現したものではなく，歴史上・学説上の世界秩序の検討を踏まえている。

○従来の世界秩序のあり方や学説上の提案の，欠陥や限界を補う工夫が見られる。

○法の支配に基づく大国の制御という最大の難題に対し，現実の世界からの柔軟で段階的な移行措置を含んだ，何らかの回答を用意している。

○高度に抽象的な諸概念をよく理解した上での構想である。

○ WOMP による平和的な世界秩序の諸条件を，できるだけ満たそうとする内容が盛り込まれている。

○現状の国際的なシステムをすべて否定するのではなく，またすべて現状でよしとするものでもなく，現状の世界とそこでの典型的な暴力の改善を踏まえた「トランスフォーム」の案となっている。

　このように，授業で学んだ項目を発展・応用・改良させた案が多数織り込まれ，この科目での学習の成果が多く反映されていました。

⑤生徒たちによる「世界リフォーム計画」の作品の創作過程で，個人の案→グループでの創案のプロセスが，有意義・肯定的に機能していたかどうかを，教員が評価しました（2012，2013年度）。KJ法の活用の際に，個人段階のものとグループでの新たな創案とで，それぞれ色の異なるカードを用いることにより，個人の創案を揃えた段階と，グループでの創案が完成された段階でのカードの枚数や内容を比較し，その違いを抽出しました。

○2012年度の作品の創作過程では，個人の創案の後にグループで創案されたカードが新たに43枚加えられており，個人の創案の段階では当初見られなかった案や，複数の案の融合案が多く加えられている。それらは例えば，国際会議への一般市民の参加，世界憲法の作成，世界の歌を創る，などである。このように，個人のアイディアどうしが融合され，さらに具体化・詳細化がなされている。

○2013年度の作品の創作過程では，例えば，環境税や個人に課される税を通じて世界政府の財政を安定化するという案，環境への理解や医療に関する教育の深化に

関する案などが，グループでの融合・発展の検討の段階で，新たに創出されている。

　このように，グループでの集団創造思考を通じて，創案の内容が強化されていた様子が判りました。

【補　足】

①リアドンは，平和教育を「トランスフォーメーションのための教育」であると位置づけていました。「トランスフォーメーション」とは，「社会の構造やそれを創り出してきた様々な思考パターンの変革」「人類の公的な秩序を形作っている，思考様式，世界観，価値観，行動，関係性，構造などに影響を与える，根底からの地球的な文化の変更」であって，「これからの平和教育にとって最も有望なのはトランスフォーメーションのアプローチである」としていました（Reardon 1988：introduction, 2-4, 47）。

② WOMP と「世界秩序の学習」の両方の研究・実践に関わっていたリアドンは，WOMP の掲げた指標は，現在でも基本的に有効としています（Reardon 2007, 2008）。しかし，別項で示したとおり，「世界秩序の学習」は，(1)事物の高度な抽象性，(2)考案された秩序への実際の世界からの「移行過程」の立案の困難さ，という２つの課題を残していました。さらにリアドンは後年，(3)平和学の研究体制自体にジェンダーの観点が欠けていることについて，厳しい指摘を加えました（Reardon 1996）。

　　本カリキュラム開発では，それら３つの課題に対して，それぞれ次のような克服策を試みました。

(1)事物の高度な抽象性に対して
　1：シミュレーション・ゲームの手法の導入により，紛争の推移や秩序の姿を，疑似体験化する。

　　2：概念のイラストレーションを提供・作成することにより，歴史上または学説
　　　上の秩序像を視覚化する。
　　3：それらを支えるトレーニングとして，スパイラル・ノートやKJ法を反復的
　　　に用い，複雑な社会事象を構造的・俯瞰的に把握するスキルを養成する。

(2)「移行過程」の立案の困難さに対して
　　1：人類社会の組織化の過程という視点から，国際関係史を流動的に観ることの
　　　できる視座を確保する。
　　2：世界政府論で，各国の所有する武器を中央政府に移転していく理論上の提案
　　　について触れ，参考とする。
　　3：「様々な世界秩序の構想の比較検討」の課題で，各自に「移行過程」の考案
　　　を含める設問を置いて，最終課題への準備とする。

(3)ジェンダーの視点の導入について
　　1：「深層構造」の学習において，ジェンダーの不平等が多くの紛争の下部から
　　　影響を与えている事例に触れる。
　　2：「世界リフォーム計画」の指標のうち，WOMPの「民主主義」の指標に，
　　　さらにジェンダーを加える。

　さらに，「世界秩序の学習」の実践された冷戦期から現在までの，国際社会の変遷を考慮に入れて，WOMPの指標を少々修正する必要がありました。特に，テロリズム対国家テロリズム（「新しい戦争」）や「新しい冷戦」への懸念，環境問題の深刻化，などの点に留意しながら，修正を行いました。
③「ワールド・カフェ」は，人類史上の大きな着想が，カフェのような自由でリラックスした対話が可能な空間においてもたらされたことが多い，という経験に基づいて編み出された，集団による創造的な発想法です。様々な進め方のヴァリエーションがありますが，ここでは平和学者のデュビーが国連のグローバル・コンパクトの会合で，実際に用いた手法とそのトレーニングに準じています（Dubee 2008）。

60 プレゼンテーション

　平和教育における学習の成果は，最終的には，実際に社会を変えるための「アクション」として表現されるべきである，とされます。「平和学入門」では，「世界リフォーム計画」の作品と，それまでの学習のプロセスについて，次の3種のプレゼンテーションを，この順で行うこととしました。

---

(1)授業内の生徒どうしで，創案を披露・検討・批評し合うための発表
(2)校内での，授業外の生徒たちや教職員・保護者を対象とした学習発表会（S校では年に1～2回の学習の発表会を校内で実施していた）での発表
(3)校外の，平和学や平和教育の専門家による学会・分科会での発表（機会に恵まれた場合）

　上記のうち，(1)は毎年度，(2)は2009，2011，2014年度，の3回行うことができました。他に校内では，SGH（スーパー・グローバル・ハイスクール）の学習発表会の一企画として，校外の訪問者を対象とする発表を，2016年度に行いました。

　(3)については，日本平和学会の平和教育分科会で2013，2017年度の2回，平和学の研究団体のトランセンド・ジャパンの研究会で2013年度に1回，国際平和研究学会（IPRA）の平和教育部会（Peace Education Commission, PEC）で2012年度に1回，それぞれ平和学や平和教育の専門家諸氏の前で，貴重な発表の機会を頂くことができました。国際平和研究学会での発表は英語で行うものでしたが，参加した生徒たちが本当に熱心に取り組みました。この他，2014年度に「ワン・ワールド祭」の自主企画（ポスター発表）として1回，一般の来訪者を対象とするプレゼンテーションにトライしました。

　(2)と(3)では，いずれもリスナーの方々にアンケートを通じてコメントや批評を頂き，今後の励みとさせていただくことができました。うち，2013，2016，2017年度には，平和学や平和教育，国際関係学の専門家から，詳しいご評価を頂くことができました。

【留 意 点】

①2014年度の校外での一般来訪者を対象とした発表の際には，何らかの批判を受けた際の一般的な応接法として，心理学者による提言（ウェインバーグ1987）の読み合わせを，事前の準備として行いました。既成の社会科教育は，批判をすることの重要性について触れることはあっても，批判を受けた場合の対処法についてのトレーニングについてかなり不備であったことを思わされました。

【教室での経験から】

①各年度の振り返りのアンケートによると，ほとんどの生徒から，「世界リフォーム計画」の創案と発表は，意義を感じる達成感のある学習であったことが記されています。

②一方，共通して出された懸念は，世界の出来事や国際政治に関して，もっともっとたくさんの知識が必要ではないか，という実感でした。この自覚は進歩の証でもあると思われましたが，世界社会の実事例の情報をさらに豊富に織り込んでいく工夫が求められるように思いました。

③これまでの平和教育で，紛争の凄惨さを伝える情報は世の中にたくさんあっても，本カリキュラム開発に必要とされるような，紛争が首尾よく解決された情報については，既成の歴史の教科書や報道を介するのみでは，なかなか知ることができないことに，改めて気づかされました。既述の，トランセンド法が奏功した事例の紹介や，メーリング・リストを通じた様々な情報の補完的な提供は，この省察に基づいています。

④しかしながら，シミュレーション・ゲームを学習の中心に置くなど，学習者主体の活動を豊富に織り込もうとした授業が，情報の洪水の中に陥るようでは，元も子もなくなってしまう，とも思われました。情報の過剰な詰め込みを行うことで，知らずのうちに国際社会の複雑性や硬直性の側面が強調され，生徒たちが持っている発想力や創造力がどこかに押しやられてしまうような学習のあり方に対しては，原則として距離を置く姿勢を，このコースの基軸にすべきと思われました。

⑤以上の検討を踏まえて，この科目では，教員から補完する国際関係の情報は，世界平和を考える上で欠かせない情報で，あくまで授業の本義に関連する事柄や，生徒の関心に応じた内容についての範囲に，原則留めるべきと思われました。また，どのメディアでも報じられているような大きな出来事についてではなく，仮に小さな事象であっても，その実は世界平和のための学びに対して影響を及ぼしうるような事象は，なるべく厳選した上で，積極的に補完すべきと思われました。

【補　足】

①これまでの平和教育での，高校生による「アクション」の事例としては，たとえば，宣言文の表明，街頭での署名活動，高校生相互の交流や相互啓発，などがありました。

②高校生の政治的な活動の可否に関する，日本国内での論壇での一般的な賛・否はともかくとして，「アクション」の実施に際して最も心配されたのは，学説に基づきながら育んできた「平和形成力」のせっかくの伸長が，一般社会での党派的な対立に巻き込まれるなど，不意のトラブルから何らかの心理的な打撃を受けた場合に，大きく阻害されてしまう可能性についてでした。法的・権利的な観点からだけではなく，感受性が豊かな思春期の発達段階にあるという理由から，成人とまったく同じ扱いにおいて，実社会での政治的な活動に深く参画することについては，筆者はあまり同意することができませんでした。

③ただし，党派性を帯びた具体的な個々の政治案件への支持・反対とは異なる次元とシチュエーションで，世界平和のための学習の研究発表を，それにふさわしい形と場所（学会や研究会など）において実施することについては，何ら問題はなく，むしろ大いにそのような機会を作るべき，と考えました。

《まとめ部の全体をふり返って》

　　まとめ部の授業実践で気付かされたことには，次のようなものがありました。

○「世界リフォーム計画」の作品を見ると，たいへん独創的・協働的なものばかり
　で，大人たちのそれを大きく超える高校生たちの創造性には，毎回，本当に感嘆さ
　せられました。中学校や大学でも，平和教育の授業実践を経験しましたが，平和と
　国際関係を学ぶ発達段階としては，一定の知識を基にしつつも創造力がよく発現さ
　れる，高校生の年代が最適ではないかと実感しています。
○校内プレゼンテーション大会（2010年度）において，生徒たちによる，「平和学入
　門」の学習内容や，「世界リフォーム計画」の作品の紹介に基づく学習発表の際
　に，リスナーの生徒・教職員・保護者を対象に，アンケート調査（回答数64）を実
　施しました。「世界リフォーム計画」の案の実現可能性については評価が分かれま
　したが，約8割のリスナーが構想の意義そのものを高く評価しました。また，過半
　数のリスナーの間に，発表の前後で，紛争解決への興味の増大や，紛争解決の可能
　性について，向上の変化が見られました。
○2012年度，IPRA の国際研究大会（於・三重大学）の平和教育部会（PEC）での報
　告の1つに採用され，コースの学習の内容と，「世界リフォーム計画」の "Global
　Peace Program" に関する発表を実施することができました。全編に英語を用いて
　の発表となり，国際関係の専門用語の日英対照表の配布はしましたが，発表原稿は
　生徒たちが自力で作成しました。発表に対して，平和教育の国際的な専門家らか
　ら，地域での平和教育のあり方などについて，いくつかの質問が出されましたが，
　概ね応接することができました。セッション司会のトゥ教授ら海外の平和教育研究
　の専門家諸氏から，発表に対して，たいへん優れた取り組みであった，との評がな
　されました。
　　日本国内の平和教育の専門家からは，「……フロアからの質問に対して，しっか
　り答えており感心しました。より良い世界を目指しての学習について，今回の発表
　が役立つことと思います」「内容面はもちろん，英語力の面についても優れた発表
　であった」とのコメントが紙面で寄せられました。
　　生徒たちにとってたいへん大きなチャレンジでしたが，振り返りのシートには，
　学会での発表に取り組んだ緊張感や，発表後の満足感や充実感，世界の平和のため
　に貢献していくことの大切への気づき，などが示されていました。
○2013年度は，日本平和学会の平和教育分科会での秋季研究集会で，コースの学習の
　内容に関する発表を実施しました。平和教育の重鎮の研究者の方から，「素晴らし
　い実践で驚いた」などのコメントがあり，コースのさらに詳細な情報や，近現代史
　の学習の進め方，身近なコンフリクトへの学びの反映，などについての質疑応答が
　ありました。事後の生徒たちの感想やコメントには，発表の準備・実施や質問への
　回答を通じて，仲間たちとの協力の形成，学会での発表に取り組んだ肯定的な心
　情，積極的に取り組めたことへの充実感，専門家との交流を通じて得た様々な刺

激，平和の大切さの再認識，などが示されていました。

○生徒たちによる「世界リフォーム計画」の作品とその発表，(i)2012年度の「Global Peace プログラム」と，(ii)2013年度の「Global Nations」について，国際法学者の専門家にご批評をお願いしました。いずれも全体に意欲的に課題に取り組んでいて興味深い，との評がありました。また，案の詳細な点について，さらに検討するとよい，との助言がありました。それらは例えば，次のような項目でした。

(i)について：世界共通の教育における使用言語など

(ii)について：国際社会での三権分立制度の必要性の根拠の明確化，「人権の主流化」の国際組織全体への反映，資源分配の公正性など

○2014年度は，関西を中心とする NGO や国際機関が一堂に介する「ワン・ワールド祭」で，自由企画「世界にある様々な紛争の解決を考えましょう」を出展し，学習してきた内容に基づくポスター・プレゼンテーションを実施しました。一般来場者対象のアンケート（記述式，回答数25）を実施したところ，「実際の世界の紛争の，予防・和解や平和的な関係づくりの可能性についての見解」「世界の若い人々の力で実際に世界全体をより平和な世界に変えていく可能性についての見解」の項目について，約9割の来場者が，プレゼンテーションを聴く前後で肯定的な変化があった，と回答していました。感想欄（自由記述式）には，「高校生なのに抽象的な概念をうまく整理できていて素晴らしいと思いました」「すごく有意義な授業だと思いました！ポスターをネットに載せてほしいくらい素晴らしいと思った」などの肯定的なコメントがありました。

○「世界リフォーム計画」での協働学習の成果について，作成の条件であった6つの指標に基づいて，個人の作品のレベルと，グループでの協働学習を経た作品のレベルとの間の変化を把握する目的の，事後のアンケート調査（2015年度）を実施しました。結果，すべての項目において，個人の作品よりもグループの作品に対して，相対的に高い評価がなされていました。生徒たち自身の評価として，グループでの他の生徒たちとの協働作業が，作品を創り上げる上で有意義に作用していたと捉えていたことが，察せられました。

○2017年度の，日本平和学会・平和教育分科会での専門家諸氏を前にした報告会では，生徒たちから，「世界リフォーム計画」に取り組んだことについて，「たとえ理想案やばくぜんとした案であっても次世代の私たち高校生が自ら関心を持って取り組むことに意義があると思った」「理想主義でありえない・根拠不足であっても，考えを少しずつしていくことが重要と思った」などの感想が述べられました。指定討論者からは，「主体的」「創造性」という難しい課題に接しながら，生徒たちが対話の中で高め合っている学習であることがわかった，とのコメントがなされました。フロアからは，学んだことが定着しそれをアプライでき，学習が自分のものに

なっている，とのコメントがありました。
○このように，Ｓ校の関係者，一般の来訪者，平和教育の専門家諸氏から多く肯定的
　な批評を頂くことができたことは，大いに励みになりました。また，専門家諸氏か
　らのコメントを通じて，生徒たちが将来に大学などで国際関係を学ぶ際に，今後の
　課題としていくべき事項が明らかになりました。

4　後続科目「平和学特講」での学び

　初年度の生徒たちから，予期せず強い希望が出されたため，後続科目として
「平和学特講」（「学校設定科目」のちに「政治・経済演習」，自由選択）を設置し，
「平和学入門」の授業内容の深化・継続を行うこととなりました。「平和学特
講」は，授業時数や内容の変遷を伴いつつ，以降の年度においても継続して開
講されました。

　「平和学特講」は，高３年次の最終の学期での開講科目であるという校内事
情から，授業選択に関する特別な要件は課しませんでしたが，「平和学入門」
を履修した生徒たちが継続して科目選択をする例が，ほとんどでした。「平和
学入門」を履修しなかった生徒たちには，「平和学入門」の内容を，授業記録
（ログ・ノートをスキャン・データ化したものを配布）やテキストを手掛かりに，で
きる限り自力で予習しておくことを推奨しました。

　「平和学特講」で扱った主な学習テーマは，次の通りです。

○和解（南太平洋社会での「ホーポノポノ」，ルワンダでの「家造りプロジェク
　ト」，南アフリカでのアパルトヘイトの「真実和解委員会」など）
○日朝和解案
○東アジア地域の平和のための案
○平和とジェンダーの問題
○平和教育のあり方
○非暴力運動（ガンジー）と「市民的抵抗」（シャープ）
○日本のこれからの安全保障のあり方

教材には，教員作のプリントを中心に，「平和学入門」からの継続で『平和を創る発想術』の「和解」に関する章と『国際条約集』の他，日本のこれからの安全保障のあり方のテーマについては，『はじめて出会う平和学』（児玉・佐藤・中西 2004）を用いました。一部，専門家の論文の講読にもチャレンジしました。報道番組や市販 DVD の動画なども用いました。

　学習の方法は，テキストの講読・読み合わせの他，グループでの討論，シミュレーション，グループでの集団創造思考を通じての提案の創出，などの諸形式を，テーマにあわせて織り交ぜながら用いました。

　この科目での主要な課題としては，個人による「紛争解決レポート」（並行単元：世界にある実際の紛争を，既習科目に応じて下表のリストの〈1〉または〈2〉から1つを選び，紛争の構造を分析して独自の解決案を示す）と，グループでの課題（東アジアの紛争解決案，日朝和解案など）の2つを設定しました。「紛争解決レポート」で，「平和学入門」を履修しなかった生徒には，〈2〉の比較的ステイクホルダーとゴールの数の少ない紛争を選択することを勧めました。

〈1〉比較的，複雑な紛争
　ソマリア紛争，シエラレオネ紛争，チェチェン紛争，コソヴォ紛争，チベット紛争，アフガン紛争，イラク紛争，イスラム原理主義 VS キリスト教原理主義（アメリカ政府）の紛争（全般），スリランカ紛争，南極の所属，イスラエル＝パレスチナ紛争，沖縄の米軍基地問題，イランの核開発問題，ヨーロッパ社会とイスラム系移民の紛争（特にノルウェーの事件を題材にして），「アラブの春」紛争
- -
〈2〉比較的，複雑でない紛争，または授業やテキストで扱った紛争）
アイヌ民族の人権問題，在日コリアンの人権問題，キプロス紛争，ルワンダ紛争，北アイルランド紛争，インド＝パキスタン紛争，キルギス紛争，フィジー紛争，モロッコ・西サハラ紛争，スーダン分離独立紛争，ハイチ紛争（特に地震からの復興に関して）

「紛争解決レポート」では，たとえば次のような解決のための創案の事例がありました。

○スリランカの紛争：諸宗教がともに重要とする聖地があるため，そこで祈りや追悼の儀式を行う，津波被災地にある施設への相互訪問と奉仕活動，戦争で被害を受けた人々の義足などをともに製作する NGO を創設する。

○アフガニスタンの紛争：国連の支援のもと，いったん外国からの様々な介入を制限し，国内の各民族から公平に選ばれた代表による政府を設け，武装解除を推進，正しい歴史教科書を作り諸外国と共用していく。

　グループの課題では，学習のテーマに応じて，「平和学入門」の履修者と非・履修者が分かれたり混ざったり，様々に柔軟な編成上の工夫を行ない，相互の影響による学びの深化に期待しました。学習の成果については，授業内・校内での他，機会に応じて外部の学会や研究会でプレゼンテーションを行い，平和学，平和教育研究，国際関係学などの専門家諸氏から評価を頂きました。

　グループでの課題の一例として，東アジアの紛争解決について，たとえば次のような創案（2013年度）がありました。

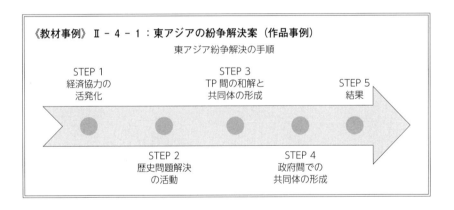

《教材事例》 II - 4 - 1 ：東アジアの紛争解決案（作品事例）
東アジア紛争解決の手順

STEP 1
経済協力の
活発化

STEP 2
歴史問題解決
の活動

STEP 3
TP 間の和解と
共同体の形成

STEP 4
政府間での
共同体の形成

STEP 5
結果

　この課題では，トランセンド法の「超・複雑紛争」の解決の手順を基調に，東アジアのすべてのステイクホルダーを，それぞれトップ，ミドルクラス，グラスルーツの三層にさらに細かく分け（レデラックの理論を導入），それらのすべての相互関係を手分けして担当を決め，調査の結果を個人のレポートにまとめ，互いに共有しました（朝鮮民主主義人民共和国の政府の主張の読解は，言語に長

けた生徒が担当）。調査の結果をマトリクスにまとめ，コア・コンフリクトを抽出（歴史問題）してその解決案と，周辺のコンフリクト（経済問題など）の解決案とを取りまとめ，それらを総合的に調整（トランケート）して，5つのステップでの段階的な提案としてまとめていきました。教員からは，東アジアの国際協力の推進の提案や東アジア共同体の設立に関する文献（北東アジアグランドデザイン研究会『北東アジアのグランドデザイン—発展と共生へのシナリオ』日本経済評論社，2002年など）から，図表部分など比較的解りやすい情報を抜粋して，参考のために提供しました。

　提案では，伝統的に"商いの地"である東アジアの特徴を踏まえ，領土問題などがある紛争地を却って国際協力の拠点と位置づけつつ，「アジア・クーポン」を発行するなど，経済交流を活発化させるような，民間どうしの協力的な活動から取り掛かります。次にイベントを通じて共同のメディアを設立し，東アジア共通の教育を展開，ミドルクラスとグラスルーツの相互の交流をさかんにします。以上のような活動の蓄積に基づいて，トップ間の和解を促進します。そして歴史認識の相克を乗り越え，東アジアに国際共同体を設立し，さらなる関係の強化と紛争の解決に資する，という内容になっています。また，米国とは，東アジア共同体が全体として関係を持つようにし，相互に友好的な外交を行う，という点も，この提案の重要な部分となっています。

　この提案は，もちろん直ちに実現しうるような性質のものではありませんが，これまでの学習の成果をもとに，国際社会の歴史・現状や，国際関係学の主要な学説についてよく理解した上で，若い地球市民として1人1人が真剣に考え，グループの協働でアイディアを出し合った，一定の根拠と妥当性のある提案です。一部には，専門家の学説とも符合している提案も含まれています。

　校外の専門家を交えての研究会で，平和学のガルトゥング博士からは，各アクターの「ゴール」の見極めが少し甘く，一部にトランセンド法以外の手法も使われているが，エンパシー（共感性）がよく示されているなど，全体としてよく考えられている，との批評を頂くことができました。

　また，来場者（主に大学教員・研究者，回答数13名）によるアンケートからは，次のようなことが解りました。

○「東アジアの紛争の解決」の案の内容については，8名から「よい案だ」または「どちらかといえばよい案だ」との回答があった。
○案の実現性については，6名から「実現できる」または「どちらかといえば実現できる」との回答があった。
○発表を聞いた後の，実際の東アジアの国々や人々の間の和解や，平和的な関係づくりの可能性についての見解に，以前と比べての変化については，8名から「可能性が高いと思うようになった」または「どちらかといえば可能性が高いと思うようになった」との回答があった。
○発表を聞いた後の，世界の若い人々の力で実際に世界全体をより平和な世界に変えていく可能性についての見解に，以前と比べての変化については，10名から「可能性が高いと思うようになった」または「どちらかといえば可能性が高いと思うようになった」との回答があった。
○すべての設問において，「どちらかといえばよくない」または「よくない」の選択肢を選んだ回答はなかった。

　後続科目「平和学特講」の，全体としての主な振り返り事項として，次の4点が挙げられます。

①平和とジェンダーの学習で，国連の安保理など一部の有力者が意思決定を独占する，という構造が，まさしくジェンダー的に問題のある仕組みである，という段については，説明や理解が大変難しく，引き続き教材開発の上で工夫を重ねていく必要性が残りました。
②事後のアンケート調査に拠れば，一応の工夫に関わらず，「平和学入門」を履修しなかった生徒たちのうち多くの者が，「平和学入門」の履修者との実力の開きを実感していたことが分かりました。しかし，非・履修者の中にも，意欲的に自力で学習を重ねて，水準の高い作品を創り上げた生徒もありました。
③教材が，主として文献からの抜粋を用いたものとなり，「平和学入門」のようなシミュレーション・ゲームやイラストレーションなどのさらなる教材開発の必要性が，反省として残りました。

④「平和学特講」が高3年次の最終学期での授業であるため，卒業要件の絡む授業科目の選択上の諸要請や，卒業関連の行事やその準備作業からの影響を受けるケースがありました。

第**3**章　カリキュラム開発をふり返って

　このカリキュラム開発での様々な調査に際して，初回（2009年度）の予備的な調査は，当時の一般的な授業研究の倫理に従って進めました。2010年に立命館大学の「人を対象とする研究倫理」の審査を受け，承認を受けました。2011年以降は，この研究倫理に従って，調査を行いました。

　各年度にこの科目の受講を選択した生徒の人数は，次の通りです。

2009	2010	2011	2012	2013	2014	2015	2016	2017	2018
8	11	8	5	7	8	12	7	7	14
12	13	9	2	6	10	13	10	12	14

（上段：「平和学入門」，下段は後続科目の「平和学特講」）

　上表のように，Ｓ校では比較的に少人数の学級編成を基準に授業を実施しているため，調査は混合研究法（量的＋質的）を以て実施し，評価項目・評価者・評価方法を多元的に設定し，様々な角度から複合的・総合的に，このカリキュラム開発を観る評価デザインを採りました。

　カリキュラムの全体については，次のような調査を実施しました。

1　「平和形成力」のエンパワーメントの変化

　このカリキュラムでの学習を通じて，生徒たちの「平和形成力」（村上2011）がどのようにエンパワーされたか，という評価（藤掛2001，伊藤2007）を実施しました。学習の初期の「2～3　2050年の地球社会の予測と地球的諸問題への対策」での作品創りを終えた時点と，最終課題の「55～59　世界リフォーム計画」の作品創りを終えた時点の，２回実施した質問紙での調査を通じて，２つの回答の数値の比較から，生徒たちのエンパワーメントの自己評価の変化を観

るものです。

〈設問項目…7段階のスケール上でポイントを選択する方式〉
(1)世界観や平和観の進歩または改善
(2)自分自身の動機や主体性
(3)世界の将来を実際に設計する人類の一員である，という実感
(4)他のクラスのメンバーと，公平な立場や条件で取り組んでいるという実感
(5)より正しい方向に直していく，という方向性を維持しながら取り組んでいる，と
　　いう実感
(6)じゅうぶんな基本的な知識を持てている，という実感
(7)証拠や根拠に基づいての構想
(8)調査能力や創造力・発想力・構成力・討論力，などの力量を持っているという実
　　感
(9)プロセスで，意味のあるクリエイティヴな交流
(10)質問に対して，責任を持って解りやすく説明・回答したり，積極的に他のメン
　　バーの意見を取り入れたりすることができたという実感

○2010年度は，10個の各項目での，有効回答数6名のトータルの平均値は，学習前→
　学習後で3.2→2.7（指数は1が最良・7が最低）と上昇の変化が見られ，6名中5
　名において，学習前と学習後で上昇の変化が見られました。
○2011年度は，有効回答数7名のトータルの平均値は，学習前→学習後で2.9→2.9と
　変化は見られませんでしたが，7名中5名において，学習前と学習後で上昇の変化
　が見られました。低下者1名があり，個別の対応を要しました。
○2013年度は，有効回答数5名のトータルの平均値は，学習前→学習後で2.8→2.2と
　上昇の変化が見られ，5名中3名において，学習前と学習後で上昇の変化が見られ
　ました。

　上のように，カリキュラムの学習全体を通じて，エンパワーメントの評価は
全般として上昇の変化がみられました。本カリキュラムでの学習を通じて，生
徒たちの「平和形成力」のエンパワーメントは，概ね高められる機会となった
ものと察せられます。

2　授業の運営に対する評価

　授業での解りにくいところ，グループでの作業で困ったこと，教員の支援，授業の改善の必要な点，後輩たちへの助言，その他，などの項目について，質問紙（自由記述方式）で，文章による回答を求めました。2010年度〜2015年度に得られたすべてのコメントをデータ化し，テキスト・マイニングのソフトにかけて得られた出力レポート（評判抽出）によると，次のような結果が見られました。

　　○好評語ランキング上位3語＝「授業」「知識」「人」
　　　好評語に関する記述では，考え方が変わった，楽しい，発見，世界に貢献したい，などのコメントが見られました。
　　○不評語ランキング下位3語＝「内容」「時間」「言葉」
　　　不評語に関する記述では，内容の難しい事柄があった，時間配分について，日本語の難しさ，などのコメントが見られました。

3　武力紛争宿命論・肯定論への論理的な反駁の形成力

　「武装民族国家が対峙しあう」（軍縮教育の最終文書での，克服すべき国際社会の状態）世界秩序観をもとに，武力紛争宿命論・肯定論に基づくセット命題「戦争はなくすことはできない……？」を作成して示し，それらに対してどのくらい相対化してみることができるようになったか，どの程度論理的に反駁が構成できるようになったか，という質問紙（自由記述方式）による調査を行いました。調査は2012年度に，本カリキュラムを履修した生徒のうち4名，およびカリキュラムを履修していない生徒2名，の双方を対象に，本人の同意と協力を得て実施し，両者の記述を比較しました。

セット命題　〈戦争はなくすことはできない…？〉

1．歴史上，「人類の歴史は戦争の歴史」だった。有史以来，世界のどこにも戦争
　　がなかった年は，292年／5600年と全体のわずか1割にも満たない。人類の歴
　　史そのものが戦争によって成り立ってきたのである。21世紀になっても，戦争
　　を突然なくすことは，人類の宿命に反するため，不可能である。

2．人類の歴史と戦争の関係が切っても切れないその理由は，人間が生まれつき自
　　分本位で欲望の強い，「悪」の性質を持っていることから始まる。互いに助け
　　合い愛し合うよりも，たとえ相手を蹴落としてでも自分がよい思いをしたい，
　　という性質が，人間が生まれつき持つ本来の性質である。同族どうしでこれほ
　　ど殺しあう生物は地球上に居ない。

3．人間が何とか信頼しあうことができるのは，せいぜい「家族」の範囲までであ
　　る。「国家」は，人間が同じ血筋にある家族や集落の単位で暮らしてきたもの
　　が，そのまま自然に大きくなって形成された。「国家」は近い血筋の元にある
　　共同体で，いわば大きな「家族」ともいえる共同体である。血筋の異なる別の
　　国家とは，対立し合うのが定めである。

4．「国家」は血筋が近い人々の共同体であることと同じように，宗教や民族（文
　　化）という強い絆に基づく共同体でもある。別の国家との間で，宗教や民族が
　　異なると，互いに対立する他はなく，いずれは戦争に陥るのが常である。宗教
　　や民族（文化）は血筋と同じように簡単には変えることが難しく，別の国家と
　　の間で争いごとが起こるのはむしろ自然な成り行きであり，国家間の戦争はこ
　　うして発生する。よって，戦争をなくすことは，人間性を根本から改造する
　　か，すべての人々に対してよほど徹底した教育を行わねば，不可能である。

5．人類が安全に暮らすためには，国家の中でできるだけ強い団結を保つことが基
　　本である。そしてできる限り強力な「軍隊」を持つことによって，他の国家か
　　らの武力による攻撃を思いとどまらせたり，実際に戦争が起これば軍事力
　　で自分の国家を実力で防衛したりするしかない。

6．国際関係は，国家同士が対立しあう中で，強いものやずるいものが勝ち残ると
　　いう弱肉強食の法則の中にある。軍事力の弱い国家は，いずれは滅びるしかな
　　い。これは悲しいことではあるが，人類にとっては避けられない宿命である。

7．最も強力な防衛力とは，「核兵器」を持つことである。核兵器はその強力な破
　　壊力で，対立する相手国を一瞬にして壊滅するかまたはかなりの大きなダメー
　　ジを与えることができるため，相手国に戦争を思いとどまらせる強い効果があ
　　る。化学兵器や生物兵器などは，核兵器に準ずる戦争の抑止効果がある。これ

ら「大量破壊兵器」を互いに持ち，そのことを相手国に知らせて脅しあうことが，国家間の戦争を最終的に防ぐための唯一かつ究極の方法である。

8．核兵器に代表される大量破壊兵器を，自国と相手国が互いに持ち合えば，互いに戦争を思いとどまらせる効果がある。今のところこれが国家間の平和を維持する最良の仕組み「核抑止」である。これは悲しいことだが現実である。

9．血筋や宗教や民族の異なる国家どうしが国境を超えて慈しみあうように，「人類愛」や「世界市民」や「地球市民」の精神」を唱えて実践しようとする立派な人々もあるが，所詮はごく少数派に過ぎない。

10．国際連合などの国際機関は，国際連盟が第二次大戦を防ぐことができなかったように，基本的に戦争を防ぐことはできない。NGOのように国家を超えた一般市民の連帯が作られてきてはいるが，これも強力な国家，特に大国や超大国の圧倒的な軍事力がひとたび行使され，戦争が始められれば，無力でどうすることもできない。

11．国家が強い軍事力を持つためには，優秀な兵士を養い，強力な兵器を買ったり開発したりするための，強い経済力が必要である。よって国家間の経済的な競争も，基本的には防ぐことはできない。貧富の格差をなくすことはできない。

12．宿命的な軍事力・経済力の競争の中にあっては，人々の間に偏見や差別が生まれることも，防ぐことはできない。

13．血筋・宗教・民族の互いに異なる国家同士の対立は避けがたいが，強い経済力を持つ大国同士が核兵器を持ちあえば，国際的な平和が保たれる。この状態をできる限り動かさず，できるだけ長期間にわたってこの力のバランスを保ち続けることが，人類の平和を維持する唯一の方法である。

A：「平和学入門」を履修していない生徒の回答例

（ⅰ）1に対して「人類は戦うことによって成長し，何かを守るために強くなり，時には悪となって戦う。戦うことを失くしてしまえば，平和にはなるが，他国，他宗教との競争はなくなり，成長しなくなる。……」

（ⅱ）6に対して「……どれだけ数が多くて，強い軍隊を持っていても，相手の軍隊が頭脳の上で一枚上手だとすると，たとえ相手が自分より数も少なく，人数的には弱かったとしても，勝つ可能性は十分にあるといえるからである。」

（ⅲ）10に対して「……国際連盟が第二次世界大戦を防ぐことができなかったのは，軍事制裁が許されていなかったことが大きく関係しているのではないかと思われ

る。」

(iv)13に対して「……大国よりも途上国が多い世界で，大国が戦争をやめたからと
いって，人類の平和を維持することはできないと思う。……」

B：「平和学入門」を履修した生徒の回答例

(i)3に対して「『国家』が近い血筋のもとにある共同体である単一民族国家は，今
の世界では極めてまれである。」「……同じ血筋であるから結束し信頼し合ってお
り，違う血筋の国家であるから対立しあうという考え方は，事実と異なっている
点が多すぎる。」

(ii)4に対して「……現代においての戦争とは主に宗教や民族による争いに見せかけ
て，実際には人間の二次的欲求に基づいて起こっている……。」「……戦争は人間
の性格的な問題によって起こるわけではないため，先天的な人間性を改造するの
ではなく，後天的に影響する育つ環境や教育が今後戦争をなくしていく上で重要
になってくる……。」

(iii)6に対して「国家どうしが対立しても，必ずしも戦争になるとは限らない。勝ち
負けのない平和的解決で対立をおさめることもできる。……」

(iv)7に対して「核兵器を大量の_{ママ}持つということ自体が世界を危険にさらしている。
……」

(v)10に対して「……国際司法裁判所の実績を見てわかる通り，……戦争になる前に
小さいトラブルを解決して平和を保っている。」

(vi)13に対して「……現在世界には20回地球を爆発することが可能な量の核兵器が存
在している。国家間の対立は避けがたいものかもしれないが，衝突を避けるため
の勢力均衡として核兵器を持つというのには，この量はあまりにも多すぎると言
える。よってこの状態をできる限り動かさないとすると，いつか誤爆などが起
こったときに人類は滅亡しかねない。そのような危ない大量破壊兵器を持ち続け
ながら保つ平和はいつか崩れる可能性がある。…現状を保つのではなく徐々に減
らしていくべきであり，戦争を生み出す可能性がある平和を維持する方法は平和
のための良案とはいえない。」

両者を比較してみると，本カリキュラムを履修した生徒の回答には，紛争の
外観でなく構造に踏み込んで論じることができている，紛争の平和的解決の可

能性について言及している，個々の国家の視点を越えた地球的な視点から論及している，実例を挙げて反駁することができている，などの特徴が見られました。

　本カリキュラムの中では，伝統的な日本国内の平和教育の特色である，被爆体験や戦争体験の継承に基づく学習や，戦争文学の鑑賞を通じて戦争の悲惨な実態を知る学習，軍国主義時代の大日本帝国にまつわる歴史の学習，などについては，既習科目に委ねて，一部を除き，直接的にはほとんど実施しませんでした。しかし，この調査からは，本カリキュラムを学習した生徒により，武力紛争宿命論・肯定論に対して，平和を極大化していく立場から，学説や実例などを根拠に挙げながらの論理的な反駁力が形成されていることが解りました。

　戦争の悲惨さを学ぶ学習，歴史の学習，憲法の学習，世界秩序を構想する学習などを，科目を超えて連続的・有機的に織り合わせていくことにより，さらに強化された平和のための学習を構成する……という課題が，今後の平和教育に対して，示唆されているように思えました。

4　カリキュラムの評価のまとめ

　カリキュラム全体に対する評価，各授業実践での【**教室での経験から**】で挙げた諸項目，「世界リフォーム計画」の作品や，そのプレゼンテーションに関する評価を総合して，このカリキュラムの評価について，まとめてみます。

(0) 初年度の予備的な調査を通して，この科目の設置はけして無謀な試みではなく，生徒たちの平和に対する貢献の意欲を高め，発表を聞いた生徒たちリスナーの平和への意識や期待を高め，活発な意見交換が行われるなど，国際関係の学びを通じての世界平和のための学習としての効果があることが解りました。ただし，いくつかの改善の必要な点が把握されました。

(1) 生徒たちの自己評価によれば，「平和形成力」のエンパワーメントが高まったこと，シミュレーションやゲームの学習の印象度が強かったこと，グループでの協働学習に成果が感じられていたこと，などが挙げられていま

した。理解の難しい箇所があること，協議のための時間が不十分と感じられたこと，なども挙げられていましたが，けして無味乾燥で単調な学習ではなく，考え方が変わった，楽しい，発見，世界に貢献したい，など，世界平和のテーマに関わりながら学ぶことの実感が伴われていたことが解りました。

(2)学習の成果や望ましい世界秩序の提案のプレゼンテーションを視聴した第三者の評価によれば，校内対象・一般対象の双方において，平和に対する意識の高まりや，世界の将来に対する肯定的な見方が高められるなどの影響が見られており，公民科や平和学の学習の最終的な段階である「アクション」として，一定の成果を発揮できたことが解りました。

(3)教員の評価によれば，望ましい世界秩序の構想の作品中に学習の前・後で質的な向上（学習事項の反映）が見られ，グループの協働学習では個人の発案を高め合う有機的な創案が見られました。これらは，紛争解決法のトレーニング，複数の世界秩序モデルの比較検討，国際条約の調査レポートやそれを題材にした仲間たちとの質疑応答，情報の抽象化・概念化のための技術の習得や，創造力のトレーニングなどの学習に，痕跡が見出せるものでした。また，武力紛争宿命論・肯定論に対して論理的に根拠を挙げて反駁する力の伸長が見られました。

(4)平和教育や平和学・国際関係学の専門家諸氏によるパフォーマンス評価によれば，細部にさらに詳細に検討すべき部分を含んではいるものの，生徒たちの学習への取り組みや，望ましい世界秩序や東アジアの紛争解決の構想の全般に対して，基本的に肯定的な評価ができることが解りました。

5 課　題

本研究のカリキュラム開発に対する，以上のような多元的・多角的な諸評価の結果を総合すると，いくつかの課題が残されているものの，全体としては，平和のための学習としての実践上の効果が十分に見られた，と総括することができるように思われます。

　本カリキュラム開発は，国際理解や探究的な学習の推進を創立以来の校是とするS校での教育環境のもと，既習科目からの学習の積み重ねの上に，社会科が比較的得意である自由選択の生徒を主な対象にした少人数での授業実践，などの好条件のもとで実施されたものであり，その意味での限界を有しています。個々の授業の運営や教材のさらなる練成についても，文中に挙げてきたように，省察の上で改良・改善の必要な点や，工夫の余地がある点が，まだまだ残されています。

　残された課題としては，たとえば，教材のさらなる洗練に基づいた本科目の固有の副教材読み物の作成，近現代史を既習していない生徒への学習の支援，日本国内の伝統的な平和教育や国際的な平和教育研究の成果との共振効果の醸成，専門用語や専門家の学説をさらに解りやすく伝える工夫，などが感得されるところです。

おわりに～10年間の実践を振り返って

　筆者は，国際関係学や平和学の知見を，どのように中等教育の現場に還元していくか，という立場から，社会科教育の現場での実践に取り組んできました。本カリキュラム開発には，スタートの段階から，いくつもの大きな難関があることを覚悟してはいましたが，研究を進める過程で，日本国内の平和教育自体が，長らく「低迷期」にあり，様々な大きな難題が課せられている（竹内2011）ことを知りました。

　平和教育界では，平和教育の目的の中に必ず含まれるべき次の3つの要素（広島平和教育研究所 1981）のうち，(ⅰ)が中心となり，(ⅱ)や(ⅲ)への取り組みが弱かった，という内省がしばしば挙げられていました。

(ⅰ)戦争の持つ非人間的・残虐性を知らせ，戦争への怒りと憎しみの感情を育てるとともに，平和の尊さと生命の尊厳を理解させる。
(ⅱ)戦争の原因を追求し，戦争を引き起こす力とその本質を科学的に認識させる。
(ⅲ)戦争を阻止し，平和を守り築く力とその展望を明らかにする。

　また，日本国内の平和教育への批判論として，次のような指摘がなされていたことも知りました（「戦後の平和教育論を問いなおす」1996-97より整理）。

(ⅰ)目標：平和教育の基本的なパラダイムに，戦争観・国際社会観・国際政治観などの面での二分法的単純化がある。
(ⅱ)内容：戦争を生み出している国際社会の動きを見る際に，その根本にある宗教観や民族観について，日本社会の独特の理解の傾向（曖昧な宗教観や単一民族神話など）を超える契機が含められていない。
(ⅲ)内容：リアリズム的・戦略論的な国際社会観の立場から見ると，いくつかの根本的な異論（戦争観，パワーの重視，国益中心の国際社会観，人類社会の統合

への見通し，など）が挙げられる。

(iv)方法：多くの実践では，戦争の悲惨さに対する心情的な理解が中心となっており，観念的な理解にとどまっているため，実際に戦争を防止するための具体的な方策への展望が見えてこない。

(v)評価：発達段階に応じながらの，戦争の原因についての科学的・多元的な見方からの分析が弱い。

　これらの諸課題を筆者なりに受け止めつつ，本カリキュラム開発のコンテキストに置き換えながら，次の10点に再整理しました。仮説として，その解決のための代案や，乗り越えるための手掛かりとして立ててみた方略は，次の通りです。

課題と代案	乗り越えるための手掛かりとして立ててみた方略
(1)" 一国平和主義 " から，「国際平和」の視点へ	親学問である国際関係学との連結を確保し，国際平和の視点に基づいていく。 国際紛争を解決するための平和学の知見と連携する。
(2)" 鑑賞 " 中心（人文科学）から，「代案」の構想（社会科学）へ	社会科学の基本的なディシプリンの習得を基礎とし，国際バカロレアの「知の理論（TOK）」の基礎（論理的な思考力など）を踏まえる。
(3)" 国民国家単位 " の平和から，「地球市民主義」へ	「地球市民」の視座から現状の国際社会を批判的に見て，国際紛争の解決や，国際社会のトランスフォームを提案する学習とする。 国家単位で思考する「構え」を乗り越える国際政治理論の学習を導入する。
(4)" 価値相対主義 " から，「普遍的価値」へ（「いのち」から「国際人権法」「国際人道法」へ）	国際社会の普遍的価値に基づく。 国際人権法・国際人道法の保護する法的価値を重視する（ただし押しつけるのではなく，普通の質問を重ねていく Problematique 法を採る）。
(5)" 鑑賞・共感 " から，「アクティヴ・ラーニング」へ	生徒の主体的な学習を重んじるシミュレーション・ゲームや創造性の必要な演習を，中心的な教材とする。 創造性そのものを育むプログラムを挿入する。
(6)" 非戦意識の継承 "（文化的平和）から，世界社会の「トランスフォーム」（「構造的平和」）へ	文化的平和だけでなく，国際紛争の解決案や新たな世界秩序のトランスフォーム（構造的平和の積極的平和）の提案を行う。 抽象的な事象を学ぶための教材開発やトレーニングを導入する。

(7) "特活・投げ込み教材" か ら,「正課科目」へ	「世界史探究」「政治・経済演習」「総合的な探究の時間」「学校設定 科目」など,学習指導要領上の正課またはその一部として実践でき る科目とする。
(8) "平和価値の尊重" から, 「平和形成力」の評価へ	「平和形成力」の育成を目的とし,エンパワーメント評価を用いる。 加えて,パフォーマンス評価や専門家による批評など,多角的・多 元的な評価手法を総合してカリキュラム全体の評価を行う。
(9) 平和教育 "運動" から, 「平和教育学」へ	豊富な諸実践を理論的に体系化し,学問として蓄積していく「平和 教育学」を確置していく立場から,先行研究・実践を丁寧に参照す る。
(10) "日本の" 平和教育から, 「世界の」平和教育へ	国際的な平和教育研究との連携を確保する。 世界的な研究の動向と協働・共鳴しながら進めていく。

　これらの方略をもとに,授業実践にチャレンジしましたが,けしてすべてが達成できたとも思えませんし,当初から何か具体的な成果が予期できたわけではありませんでした。何より,「軍縮・不拡散教育」の提言では,「中等教育レベルを含むあらゆるレベルの教育において実施されるべきこと」(「国連事務総長による軍縮と不拡散の教育における国連研究」国連総会決議 57/124, 2002年　23, 24 (b), para.V28) とされていましたが,国内にも国外にも,先行実践例が非常に乏しい分野である,という厳しい実態がありました。したがって,国際法や国際関係について,高度に抽象的な事象の構造的・概念的な理解に基づく課題解決型の学習が,果たして高校生の発達段階において,どのくらい可能なのだろうか,という根本的な懸念が,常に付きまとっていました。

　ところが「平和学入門」の実践の初年度,高校生たちの平和問題への関心や学習への意欲は,わたしの予想を遥かに超えるものでした。毎回の授業での積極的な発言や取り組み,たびたびの本質的で鋭い質問,そして後続科目の設置の要望までが出されるに到り,嬉しい驚きとともに,地球社会の未来について根拠に基づいた提案ができる生徒たちの「平和形成力」の育成に,いっそう前向きな責任を感じるようになりました。

　そもそも国際平和についての授業科目を始めたこと自体が,S校の帰国生徒たちからの要望がきっかけでした。海外で経験してきたような,時事問題や社会問題について生徒たちが論じあう授業が無く,教科書を読んで先生の説明を聴くばかり……というフラストレーションに応えて,身近な事象を地球的な観

点から捉え直すというテーマの「地球社会と個人」を設置する（1994年度）ことになりました。この自由選択科目が「平和学入門」の前身です。

　しかし，生徒たちの要望に応えきれたかどうか確信が持てず，休職して再度研究に勤しむこととなりました。研究の中で見せつけられることとなったものが，国際社会の「法」と「力」との緊張関係のただ中で，世界平和を実現するため，世代を繋ぎながら蓄積されてきた人類の努力の跡を世界的・実証的に見つめながら，新たな世代がその努力を継承・発展させる，という教育の実現への，先人たちによる切実な要請の足跡でした。S校の歴代の生徒たちから導かれたことが無ければ，そのような教育像を要請するメッセージに出会うことはなかったと思われます。従って，このカリキュラム開発に，もしもその要請に少しでも応えるため，何らかの貢献ができたという側面があるとすれば，そのすべてはS校の生徒たちの強力なモメンタムに拠るものです。

　筆者はその後，心身の故障から教職を退任せざるを得なくなってしまいましたが，「平和学入門」「平和学特講」のいずれか又は両方を学んだ卒業生たちのうち75名とは，現在もSNSなどで繋がりがあり，大学で国際関係や平和教育を学んだり，社会変革に取り組んだり，国際協力に関わる仕事に就いている，などの報せが，多々届いています。その他にも，それぞれのフィールドにおいて，積極的・能動的な1人の地球市民として，地球社会に参加・貢献している様子を聞くことを，日々の楽しみにさせていただいています。

　そしてもしも，本カリキュラム開発が，日本国内の平和教育の「低迷期」脱出のための一石となり，これからの平和教育の将来に資する点を少しでも含んでいれば，秘かな喜びの感に絶えません。

参考文献一覧

次の参考文献は，本文で引用したものを掲載しています。また，国際関係学，平和学，教育学の教科書的な文献は割愛しています。

平和教育に隣接する領域の分野を扱う教育との関係や，ダウンロードの教材を含む個々の単元や授業の教材研究に用いた文献は，下記 URL から無償で閲覧が可能な，野島（2016）『世界秩序を構想する学習による平和教育の再構築：中等教育におけるカリキュラム開発と実践』の本文の末にある，附録Ⅱ-3-2，Ⅲ-1-3の項を，参照してください（https://ritsumei.repo.nii.ac.jp/?action=pages_view_main&active_action=repository_view_main_item_detail&item_id=9682&item_no=1 &page_id=13&block_id=21）。

【欧　文】

Bailliet, Cecilia（2014）"Untraditional Approaches to Law: Teaching the International Law of Peace" her presentation at Session 6, PEC, IPRA Aug. 13.

Dubee, Fred（2008）"Issues of Peace Professionalism" EPU course, summer.

Evans, Mark（2008）his Presentation at third session of "Global Citizenship" Learning Democracy by Doing（LDD）, at Transformative Learning Centre（TLC）, Department of Adult Education and Counseling Psychology, Ontario Institute For Studies in Education（OISE）, Oct. 18.

Galtung, Johan（2007a）"Introduction: Peace by Peaceful Conflict Transformation—the TRANSCEND Approach," Webel, Charles P; Galtung, Johan, eds. *Handbook of Peace and Conflict Studies*. Abington, Routledge.

Galtung, Johan（2007b）his course of "Advanced course on Peaceful Conflict Transformation," Transcend Peace university, autumn.

Guerre and Trull（2008）"Participative Democratic Movements: Situating Ourselves in the Global Context"（workshop）at the International Conference of Learning Democracy by Doing, Toronto, Oct. 18.

Harris, Ian (2008) "The Promises and Pitfalls of Peace Education Evaluation" Lin, Jing; Brantmeier, Edward J; Bruhn, Christa, eds. *Transforming Education for Peace*, Information Age Publishing Charlotte, North Carolina.

Mendlovitz, Saul H (1979) *On the Creation of a Just World Order*, Free Press.

Nojima, Daisuke (2009) "Cultural Violence to Transform: Another Peace Education Focusing on Japanese Deep Culture" (presentation) Asia Pacific Peace Research Association, Sep. 11.

Nojima, Daisuke (2019) "Research on Mono State Template (MST) -Youth's Unconscious Mindset to Nurture Nationalism-" Presentation at WERA conference in Tokyo, Aug. 8.

Reardon, Betty (1988) *Comprehensive Peace Education: Educating for Global Responsibility*, Teachers College Press, Columbia University New York and London.

Reardon, Betty (1996) *Sexism and War System*, Syracuse University Press, New York.

Reardon, Betty (2007) her course of "International Peace Studies I: Introduction to Peace Education" at Ritsumeikan University.

Reardon, Betty (2008) her interview at Ritsumeikan University, Jan.

Stipo, Francesco (2007) "World Federalist Manifesto - Guide to Political Globalization (Digest) "(http://www.worldfederalistmanifesto.com) visited on Apr. 21.

United Nations General Assembly (UNGA) (1980) "Comprehensive Study on Nuclear Weapons: Report of the Secretary-General" A/35/392 para. 519.

Wendt, Alexander (2003) "Why a World State is Inevitable" *European Journal of International Relations*, Vol. 9, No. 4.

【日本語】

明石欽司 (2009)『ウェストファリア条約―その実像と神話』慶應義塾大学出版会。

秋田喜代美 (1991)「物語の詳しさがおもしろさに及ぼす効果」『教育心理学研究』第39巻第2号。

秋田喜代美 (2010)「協働学習の過程」(秋田喜代美・藤江康彦編)『授業研究と学習過程』放送大学教育振興会。

網野善彦 (1996)『日本史再考―新しい歴史像の可能性』日本放送出版協会。

入江昭 (2008)「過去と現代のあいだ―グローバル・ヒストリーの視座から」(遠藤乾編)『グローバル・ガバナンスの最前線―現在と過去のあいだ』東信堂。

伊藤武彦 (2007)「エンパワーメント評価」(井上孝代編)『エンパワーメントのカウンセリング―共生的社会支援の基礎 マクロ・カウンセリング実践シリーズ5』川島書店。

ヴィゴツキー, L. S. (2003)『「発達の最近接領域」の理論―教授・学習過程における子どもの発達』(土井捷三, 神谷栄司共訳) 三学出版。

ウェインバーグ, ジョージ (1993)『自己創造の原則―あなたは何を恐れ, 何から逃げようとしているのか』(加藤諦三訳) 三笠書房。

ウォーラーステイン, イマニュエル (2006)『入門世界システム分析』(山下範久訳) 藤原書

店。

植木俊哉・中谷和弘編（各年度版）『国際条約集』有斐閣。

浦田賢治編著（2011）『核抑止の理論―国際法からの挑戦』憲法学舎。

大沼保昭（2009）「ウエストファリア体制という神話―欧州の条約，世界の体制，認識の枠組み」（学会報告）国際政治学会2009年度研究大会Ｄ・Ｅ－５テーマ「ウエストファリア神話の終焉と21世紀世界秩序像のゆくえ」。

奥本京子（2012）『平和ワークにおける芸術アプローチの可能性―ガルトゥングによる朗読劇 Ho'o Pono Pono: Pax Pacifica からの考察』法律文化社。

カー，E. H（2011）『危機の二十年―理想と現実』（原彬久訳）岩波書店。

梶田孝道（1993）『統合と分裂のヨーロッパ― EC，国家，民族』岩波書店。

鴨武彦（1992）『ヨーロッパ統合』日本放送出版協会。

鴨武彦（1993）『世界政治をどう見るか』岩波書店。

ガルトゥング，ヨハン（2003）『平和を創る発想術―紛争から和解へ』（京都 YWCA ほーぽのぽの会訳）岩波書店。

ガルトゥング，ヨハン（2017）『日本人のための平和論』（御立英史訳）ダイヤモンド社。

川喜田二郎（1984）『発想法―創造性開発のために』中央公論社。

川喜田二郎（1986）『Ｋ Ｊ法―渾沌をして語らしめる』中央公論社。

クラーク，ラムゼイ（1994）『ラムゼー・クラークの湾岸戦争―いま戦争はこうして作られる』地湧社。

黒澤満（2014）『核兵器のない世界へ―理想への現実的アプローチ』東信堂。

児玉克哉（2004）『IPRA 国際平和研究学会（IPRA）の歩み―40周年を迎えて』地域開発企画。

児玉克哉・佐藤安信・中西久枝（2004）『はじめて出会う平和学―未来はここからはじまる』有斐閣。

坂本義和（1959）『中立日本の防衛構想―日米安保体制に代るもの』岩波書店。

櫻田大造（2009）『対米交渉のすごい国―カナダ・メキシコ・NZ に学ぶ』光文社。

佐貫浩編著（1991）『湾岸戦争と教育―子どもたちが表現した戦争と平和』桐書房。

サリバン，キャサリン（2010）「軍縮教育に関する東京でのワークショップ，10月」。

篠原初枝（2010）『国際連盟―世界平和への夢と挫折』中央公論新社。

進藤聡彦・吉田明子（1986）「物語理解におけるメタ認知的知識の役割」『教育心理学研究』第34巻第２号。

「戦後の平和教育論を問いなおす」（1996-97）『現代教育科学』473〜485号（1996年４月〜1997年３月リレー連載）。

高澤紀恵（1997）『主権国家体制の成立』山川出版社。

竹内久顕編著（2011）『平和教育を問い直す―次世代への批判的継承』法律文化社。

田畑茂二郎（1950）『世界政府の思想』岩波書店。

寺谷宏司（2008）「国際法学における『力（power）』―『力』概念の重層性とその理論的影響に関する覚書」『国際社会における法と力』（大沼保昭編）日本評論社。

西村公孝（2014）『社会形成力育成カリキュラムの研究—社会科・公民科における小中高一貫の政治学習』東信堂。

野島大輔（2006a）「アメリカ合衆国政府の対外政策とその平和的変容に関する教材開発と授業実践について」『トランセンド研究』第4巻1号。

野島大輔（2006b）「トランセンド法による紛争解決の中級向け実習教材の開発と授業実践について」『トランセンド研究』第4巻第2号。

野島大輔（2007）「ボールディングとガルトゥングの対論が遺したものについて—読書会『ガルトゥングを読む』第2回報告」『トランセンド研究』第5巻第2号。

野島大輔（2016）『世界秩序を構想する学習による平和教育の再構築—中等教育におけるカリキュラム開発と実践』立命館大学国際関係研究科提出博士論文。

野島大輔（2018）「『軍縮・不拡散教育』の現状と課題—カリキュラム開発の実践事例を添えて」『軍縮研究』第8号。

野島大輔（2022）「ウクライナでの武力紛争のトランセンド法による分析の試み」『トランセンド研究』第18巻1号。

野島大輔／ダッタ，シャミ（2002）「新国際学校における『比較文化』科の試み—トータルに『国際理解』的な授業文化の創造を目指して」『千里国際学園研究紀要』第7号。

波多野里望・小川芳彦編（1998）『国際法講義—現状分析と新時代への展望（新版増補）』有斐閣。

広島平和教育研究所（1981）『平和教育実践事典』労働旬報社。

廣瀬和子（2007）「安全保障概念の歴史的展開—国家安全保障の2つの系譜と人間の安全保障」『世界法年報』26号。

フクヤマ，フランシス（2020）『歴史の終わり（上）（下）（新版）』（渡部昇一訳）三笠書房。

藤江康彦（2010）「協働学習支援の学習環境」（秋田喜代美・藤江康彦編）『授業研究と学習過程』放送大学教育振興会。

藤掛洋子（2001）「プロジェクトが農村女性にもたらした質的変化の評価にむけて—パラグアイ共和国農村部における生活改善プロジェクトの事例より」『日本評価研究』第1巻第2号。

ブルーナー，J. S.（1963）『教育の過程』（鈴木祥蔵・佐藤三郎訳）岩波書店。

村上登司文（2011）『いきいき平和学習—平和な社会形成のための教育』京都教育大学教育社会学研究室。

最上敏樹（1996）『国際機構論』東京大学出版会。

横田洋三（1993）「国際法と国際機構」（波多野里望・小川芳彦編）『国際法講義（新版）』有斐閣。

吉田康彦（2003）『国連改革—「幻想」と「否定論」を超えて』集英社。

リアドン，ベティ（1999）「平和のための教育としての人権」『世界の人権教育—理論と実践』（アンドレオポーロス，ジョージ・J／クロード，リチャード・ピエール編著）（黒沢惟昭監訳）明石書店。

リアドン，ベティ（2009）「平和な世界をつくるために—人権・ジェンダー・教育」（平和の文

化をきずく会主催「平和の文化に関するセミナー」）於：清心女子大学清泉女子大学での
　　講演および配布資料。

リアドン，ベティ／カベスード，アリシア（2005）『戦争をなくすための平和教育―「暴力の
　　文化」から「平和の文化」へ』（藤田秀雄・淺川和也監訳）明石書店。

ルブラン，マルク（2005）『インターポール―国際刑事警察機構の歴史と活動』（北浦春香訳）
　　白水社。

脇村孝平（2008）「国際保健の誕生――一九世紀におけるコレラ・パンデミックと検疫問題」『グ
　　ローバル・ガバナンスの最前線―現在と過去のあいだ』（遠藤乾編）東信堂。

渡部淳（2012）「国際理解教育と国際政治学」（日本国際理解教育学会編）『現代国際理解教育
　　事典』明石書店。

謝　辞

　『ガンジー』の映画に感銘を受けた私は，大学生のときに国際関係学と平和学（ご指導：最上敏樹先生，千葉眞先生，横田洋三先生）に出会いました。幼少期に，赤旗紙と産経紙が同じ郵便受けに入っているような，イデオロギー混在（？）の大家族に育ち，小学生のときは同和問題を，高校のときは大日本帝国憲法の素晴らしさばかりを，それぞれ集中的に教えられて来た自分にとって，学問として平和を考える途が生み出されていることを知り，とても新鮮な感動がありました。

　平和学は大変に広い分野を扱う応用科学ですが，私が特に学ぶ機会を得ることができたのは，ずばり世界平和をもたらしうる世界秩序の構造を検討する，という，まさに国際政治のど真ん中の分野でした。平和問題についての様々な論争は，究極的には，将来にどのような理想の世界秩序像を描き，そこにどうやって到達していくか，という道のりの描き方に，ほぼ集約されると思われます。多大な困難の中，平和学を切り拓いてきた平和学者たちの現在進行形の苦闘に対して，大きな畏敬の念を持ちました。

　このカリキュラム開発のため，40代になってから無給の休職期間を得て，再び大学院にて学ぶ機会を得ました。平和学や平和教育研究の世界的な第一人者の先生方に直接にお目にかかって，じかに様々なご教導を受けることができました。そしてその後の，Ｓ校の熱心な生徒たちとの10年間の授業での経験は，なにものにも代えがたい毎日でした。

　「平和学入門」のカリキュラム開発には，数えきれないほど多くの方々に，ご示唆やご指導をいただきました。長期に渡る研究期間に関わらず，国際関係学での教育の重要性についての深いご理解と展望のもと，常に辛抱強くご指導くださった，博士課程での指導教員の君島東彦先生，そして授業で毎回真剣に学習に打ち込み，見事な作品を創り上げてきたＳ校の歴代の受講生徒たちに，最大の謝意を捧げます。

　また，お世話になった数えきれない方々の中で，本カリキュラム開発につい

て特に直接的に貴重なご助言を頂いた方々を，次に挙げさせて頂きます。本当にありがとうございました。

博士課程の副指導教員の，龍澤邦彦先生，秋林こずえ先生，山下範久先生，足立研畿先生，川村仁子先生，そしてリカレント学習のための授業聴講を快く受け入れて下さった，立命館大学国際関係研究科の先生方

Johan Galtung 先生，西村文子先生はじめトランセンド国際の皆さん

伊藤武彦先生，奥本京子先生，藤田明史先生はじめトランセンド・ジャパンの皆さん

Betty Reardon 先生，Tony Jenkins 先生，Janet Gerson 先生はじめ Teachers College, Columbia University および International Institute on Peace Education の皆さん

Dietrich Fischer 先生はじめ，ともに学んだ European Peace University の皆さん

Abdul Aziz Said 先生，Christoph Kyrou 先生，Paul Wapner 先生はじめ American University（Washington DC 校）の皆さん

望月康恵先生，広瀬訓先生はじめ国際法学界の先生方

村上登司史先生，淺川和也先生，竹内久顕先生，金惠玉先生，田村かすみ先生，西尾理先生，前田輪音先生はじめ平和教育研究界の先生方

米田伸次先生，橋崎頼子先生はじめ国際理解教育学界の先生方

池野範男先生，川口広美先生，二井正浩先生，松井克行先生はじめ社会科教育学界の先生方

S校歴代の校長先生，井嶋悠先生，佐保吉一先生，Shammi Datta 先生はじめ元・同僚教職員や卒業生の皆さん

私の心身の故障のため，本書の発刊に際しては，本体論文である博士論文の提出後，約7年半の長期を要しました。この出版は，法律文化社の八木達也さん，前担当者の小西英央さんのご忍耐強いご支援とご尽力に拠るものであり，お2人に深く御礼を申し上げます。また，今後も平和学や平和教育学の出版に引き続きご尽力くださるよう，お願いを書き添えさせていただきます。

　本研究と実践の間に4度の入院・手術を乗り越えた妻と，いつも私たちを心優しく思いやってくれる愛犬のシンディーに，本書を捧げます。

2024年2月
深謝

野島　大輔

〈筆者略歴〉

野島　大輔（のじま　だいすけ）

1963年　兵庫県生まれ
1986年　教養学士：国際法（国際基督教大学）
1988年　行政学修士：国際人道法（国際基督教大学大学院行政学研究科）
1989年　国際基督教大学 社会科学研究所非常勤助手
1989〜1991年　都内私立高校の非常勤講師，都立定時制高校の専任教員
1991〜2021年　大阪府内の私立国際学校（中学・高校）社会科専任教員
　この間，Transcend Peace University「深層文化」「紛争解決・上級」科目
　修了，European Peace University 夏学期課程修了，American University
　The Center of Global Peace 客員研究員，私立大学の非常勤講師など
2016年　国際関係学博士：平和教育（立命館大学大学院国際関係研究科）
2022年　立命館大学 国際地域研究所客員協力研究員

〈筆者による，本書と関係する論文〉

「『グローバル・ガヴァナンス』をどう教えるか―高等学校での国際法・国際関係の学習に関する一提言」（帝塚山学院大学国際理解研究所第27回国際理解論文コンクール奨励賞）2001年1月
「世界秩序を構想する学習による平和教育の再構築―中等教育におけるカリキュラム開発と実践」（立命館大学国際関係研究科提出博士論文）2016年9月
「国際関係論と平和教育」『平和教育学事典』平和教育学研究会・編（京都教育大学教育社会学研究室・発行）2017年3月
「『軍縮・不拡散教育』の現状と課題―カリキュラム開発の実践事例を添えて」『軍縮研究』日本軍縮学会編　第8号　2018年9月
「ウクライナでの武力紛争のトランセンド法による分析の試み」『トランセンド研究』第18巻1号　2022年9月

Horitsu Bunka Sha

高校地歴・公民科 国際平和を探究するカリキュラム
──国連を超えて

2024年3月20日　初版第1刷発行

著　者　**野島大輔**
　　　　（の じま だい すけ）

発行者　畑　　光

発行所　株式会社 **法律文化社**

〒603-8053
京都市北区上賀茂岩ヶ垣内町71
電話 075(791)7131　FAX 075(721)8400
https://www.hou-bun.com/

印刷：中村印刷㈱／製本：㈱吉田三誠堂製本所
装幀：仁井谷伴子

ISBN978-4-589-04309-2

©2024 Daisuke Nojima Printed in Japan

高部優子・奥本京子・笠井 綾編

平和創造のための新たな平和教育
―平和学アプローチによる理論と実践―

A 5 判・164頁・2420円

平和学アプローチに基づいて「平和」の概念を幅広く捉え、戦争だけでなく様々な暴力をなくしていくための実践力と平和を生み出すための想像力と創造力を養うための視座と作法を提示する。すぐに始められる平和教育の実践例も所収。

山田 朗・師井勇一編

平和創造学への道案内
―歴史と現場から未来を拓く―

A 5 判・228頁・2750円

真の平和の創造には、戦争や紛争などの直接的暴力だけでなく、構造的暴力の克服（積極的平和の体現）が求められている。その礎となる視座と方法を歴史的動態と現場の取り組みの考察を通じ解明、「平和創造学」を提起する。

平井 朗・横山正樹・小山英之編

平 和 学 の い ま
―地球・自分・未来をつなぐ見取図―

A 5 判・194頁・2420円

グローバル化社会のもとで複雑化する今日的課題へ平和学からアプローチし、様々な問題の根源に迫る。平和創造の学問である平和学の理論的展開を踏まえ、その役割とアイデンティティを探究し、私たちが平和創造にどのようにかかわるかも明示する。

オリバー・リッチモンド著／佐々木 寛訳

平 和 理 論 入 門

A 5 判・150頁・2970円

人類史における「平和」概念の変遷と進化を的確にまとめた優れた平和学の入門書。「ハイブリットな平和」を提唱し、複雑化する現代の課題にアプローチする。これからの日本の平和問題や世界情勢を考えるうえでの必読書。

日本平和学会編

戦争と平和を考える NHKドキュメンタリー

A 5 判・204頁・2200円

平和研究・教育のための映像資料として重要なNHKドキュメンタリーを厳選し、学術的知見を踏まえ概説。50本以上の貴重な映像（番組）が伝える史実の中の肉声・表情から、戦争と平和の実像を体感・想像し、「平和とは何か」をあらためて思考する。

法律文化社

表示価格は消費税10%を含んだ価格です